A ERA DOS VENTOS

Luís Henrique Zanini

A ERA DOS VENTOS

poesias, histórias e lendas do vinho

São Paulo
2024

CONTRACORRENTE

Alameda Itu, 852 | 1º andar |
CEP 01421 002
www.editoracontracorrente.com.br
contato@editoracontracorrente.com.br

EDITORES
Camila Almeida Janela Valim
Gustavo Marinho de Carvalho
Rafael Valim
Walfrido Warde
Silvio Almeida

EQUIPE EDITORIAL
COORDENAÇÃO DE PROJETO **Erick Facioli**
REVISÃO **Graziela Reis**
PREPARAÇÃO DE TEXTO E REVISÃO TÉCNICA **Amanda Dorth**
CAPA, PROJETO GRÁFICO & DIAGRAMAÇÃO **Maikon Nery**

EQUIPE DE APOIO
Fabiana Celli
Carla Vasconcelos
Regina Gomes
Nathalia Oliveira

DADOS INTERNACIONAIS DE CATALOGAÇÃO NA PUBLICAÇÃO (CIP)
(CÂMARA BRASILEIRA DO LIVRO, SP, BRASIL)

Zanini, Luís Henrique
A era dos ventos : poesias, histórias e lendas do vinho / Luís Henrique Zanini. — São Paulo : Editora Contracorrente, 2024.
ISBN 978 65 5396 168 5
1. Poesia brasileira 2. Vinicultura I. Título.

ÍNDICES PARA CATÁLOGO SISTEMÁTICO:
1. POESIA : LITERATURA BRASILEIRA B869.1

ELIANE DE FREITAS LEITE — BIBLIOTECÁRIA CRB 8/8415

Para minha mulher Talise
e para nossos filhos,
Luísa (in memoriam),
Sofia e Théo.

ΔΙΟΝΥΣΟΣ
ΒΙΚΤΩΡ 1973

O nosso poema começou aqui
onde o vento anuncia a vindima.
Eis as uvas nos versos que faço.

Oscar Bertholdo
Decameron Vinífero

Neste livro não foi utilizado nenhum recurso de Inteligência Artificial. Ele foi escrito pela imperfeição humana.

SUMÁRIO

PREFÁCIO

E então aqui estou, uma humilde cozinheira, apresentando um livro de tamanha importância para a história da vinicultura brasileira. Finalmente um livro de Luís Henrique Zanini, o nome, que na minha opinião, representa a pureza, a paixão, a credibilidade e, acima de qualquer coisa, a emoção que faz da vinicultura brasileira o que ela é. Endossa tudo que ela já demonstrou ser capaz de criar. E direciona muito do que ainda está por vir.

Eu sou uma pessoa muito visceral. Tudo em mim vem das vísceras. Tudo em mim parece estar intimamente conectado com raízes muito profundas, que algum dia me escolheram para fazer morada. Isso muitas vezes me custa um pouco caro. Ser muito real. Ser muito franca. Ser exatamente quem eu sou. Sem misturas, sem apetrechos, sem invólucros que passem a imagem errada sobre o meu conteúdo. Zanini é assim também. Talvez, por isso mesmo, nosso encontro tenha sido tão forte e definitivo. Provavelmente por isso também, seus vinhos sejam tão vivos, profundos e verdadeiros.

Vísceras, sentimento, loucura, sonhos, ideais, fantasia!

Eu entendo o vinho como algo muito simples, sentimento, conhecimento, desejos da natureza, tudo ali entrelaçado e pronto para se expressar. Mas para que isso aconteça de maneira pura – como eu acredito que deve ser – é preciso que alguém muito apaixonado e capaz de se doar por inteiro – custe o que custar – coloque sua mão, sua inteligência e o seu coração a serviço desta loucura.

Zanini é o louco mais adorável que conheço. Capaz de tudo isso e mais um pouco. Por paixão? Desejo? Forma? A verdade é que seu amor pelo vinho não tem limites. Sua generosidade combina e dialoga intimamente com a essência do vinho. Seus vinhos trazem a sua pureza estampada. Cada gota se conecta com a sua essência bondosa, sonhadora e incansável. Nada para ele é limite quando o assunto é defender a verdade dos seus poemas líquidos. Um poeta nato, para nossa sorte, a serviço da poesia da vinicultura.

Este livro, como os seus vinhos, está impregnado de amor. Cada página, cada capítulo da sua vida, da sua luta e da sua história, se apresenta delicadamente temperada de amor. Sua vida é amor. Sua doação é amor.

Sua loucura é amor!

Zanini é amor.

Saúde! E boa leitura...

Roberta Sudbrack

APRESENTAÇÃO

No vinho está a verdade? O que fazemos com as nossas verdades? No vinho está o amor e a vida.

Sorvemos os dias, as horas, buscamos a cada instante saber de que matéria e sonhos somos feitos, de onde viemos, qual é nosso papel nesta imensidão de universo, procuramos entender por que estamos aqui. Cada amanhecer é uma pequena poesia que começa a ser escrita neste infinito livro da humanidade.

Tenho tanto a agradecer pela vida, tanto a agradecer pelos dias vividos. Agradecer a todos que vieram antes de mim, que construíram a história para eu chegar aqui nestas palavras que escrevo. A busca incessante do amor, o único sentido da existência, o amor por tudo o que é sagrado. O vinho para mim, é sagrado, é meu trabalho, é minha vida e, por isso, meu vinho não contém somente uvas.

Contém a beleza dos sonetos de Shakespeare; a sensibilidade do Príncipe Feliz de Oscar Wilde; a alegria dançante de Zorba, de Kazantzákis; o peso do casaco de Raskólnikov, em Crime e Castigo, de Dostoiévski; traz consigo a liberdade do fluxo da vida da Insustentável Leveza do Ser, de Kundera e o equilíbrio do imperador Adriano, em suas Memórias por Marguerite Yourcenar.

Tem o amor de Francesca por Casanova, em Jogo de cena em Bolzano, de Sándor Márai e a urgência de Sobre a Brevidade da Vida, de Sêneca.

Este vinho contém os poemas de Khayyam, Neruda, Pessoa, as cores mágicas de Frida Kahlo, a forma da alma de Camille Claudel, a poesia lírica de Cecília Meireles, a sensualidade do Cântico dos Cânticos de Salomão; as ninfas de Dioniso, e também a luta contra a burocracia de Josef K. em O Processo, de Kafka.

Neste vinho estão também todos os quadros não vendidos de Van Gogh, o quadro roubado de Caravaggio, os rascunhos escondidos de Da Vinci, a Arte da Fuga inacabada de Bach, e os concertos perdidos de Vivaldi.

Contém o Estrangeiro de Caetano, a Construção de Chico, os acordes de João Camarero, as crônicas de Veríssimo. Também tem a inquietude de Platão, tem as orações, os jejuns e os êxtases dos Sufis, e, o mais importante, a paz e a serenidade de São Francisco de Assis.

Este vinho tem o sopro do Minuano, o espírito de Sepé Tiaraju, as geadas da Serra Gaúcha, as araucárias dos Caminhos de Pedra, dos caminhos da lua, dos caminhos das estrelas.

Este vinho tem as chuvas de setembro, a lágrima da videira, os rios que cortam os campos. Tem o suor das colheitas, o cansaço da safra, os aromas das uvas, da macela, das margaridas e das outras ervas do campo, e tem o canto do quero-quero e a elegância dos maçaricos.

Tem a luz do sol, que atravessa a retina azul do céu e reflete as paredes invisíveis do tempo, transformando momentos vínicos em eternidades.

Neste vinho tem os amores passados, vividos e não vividos, tem a saudade do beijo que não existiu. A dor da paixão efêmera e avassaladora, o choro da saudade, a tatuagem da flor de lótus no dorso destilando suor na pele encantada.

Este vinho tem as flores dos ipês-roxos e amarelos, o lilás da flor do jacarandá, as flores brancas das laranjeiras, e os lírios cor-de-rosa.

Tem tudo mais que esqueci. Ele se sente, além dos cinco sentidos, com o coração.

Que a embriaguez poética nos liberte e nos deixe livres ao sabor dos ventos (e dos vinhos), num acontecer espontâneo, tão por si.

Porque se lua nos procurar, ao contrário do que disse Khayyam, ela não nos procurará em vão, estaremos esperando-a com uma taça de vinho na mão para abraçá-la.

Fala-me com os sulcos das tuas mãos que envelhecem
Completa-me com o teu olhar ouvindo o outono de Vivaldi
Procura em mim teu segredo e teu amor embriagado
Cria-me nas constelações que te viram nascer
Só não me deixe morrer na taça e nas entranhas de um esnobe
Liberta-me desta vassalagem onde quem ostenta diz que
me possui
Sou terra, chuva, vento e tempestade, sol e sais,
metais, fusões imateriais
Sou a poesia tatuada em tua loucura diária.
O que buscas? Despedidas?
Sou o parágrafo mais puro, neste inexplicável livro da tua vida.
Sou teu vinho!

OUTRO VINHO É POSSÍVEL?

Estou letárgico, em frente a uma garrafa de vinho. Vejo seu rótulo. Tento decifrá-lo, suas linhas, seus caracteres, sua forma. É belo sim, tem cores, discreto, aristocrático. Tento elaborá-lo dentro de mim, mas não me emociona.

O álcool está em destaque. No contrarrótulo as mensagens: sem chaptalização (sem adição de açúcar na fermentação) aromas de frutas vermelhas maduras, compota e baunilha, sabores de chocolate meio amargo, cravo da índia, estagiou em barricas de carvalho novo por 24 meses.

Há um número na garrafa. Logo me vem à mente o livro *Memórias de Adriano*, de Marguerite Yourcenar, onde ela escreve que o imperador preferia o vinho da ilha de Samos aos vinhos numerados das adegas de Roma. Debruço-me sobre ela e apunhalo a cortiça que veda este misterioso líquido e, lentamente, giro este sem fim filosófico, chamado saca-rolhas, até transpassá-la e pronto, basta um golpe para abri-la, e assim eu o faço.

Da garrafa, desce agarrando-se às paredes, um líquido viscoso, denso, quase uma emulsão; na taça se revela pesado. É brilhante, mas não transpassa a luz; no nariz, as especiarias, a baunilha, as frutas vermelhas, e mais frutas vermelhas, as compotas, e mais baunilha.

Na boca percebe-se o corpo malhado, os taninos siliconados, o álcool turbinado, adoçando os lábios com beijos de mel, sem nenhuma acidez, um líquido alcoólico denso que amortece as papilas gustativas. Um vinho que nada tem a ver com a terra onde estas uvas nasceram.

Os vinhos industriais são construídos com uvas perfeitas, processadas em equipamentos assépticos e barricas esterilizadas; são engarrafados sem nenhum resquício de vida.

O vinho está sendo fabricado em vinícolas-hospitais ou está sendo feito por enólogos globalizados? Ou ambas as únicas alternativas para o vinho industrial estão corretas? Higiene é saúde, assepsia é doença, padronização é burrice. A era globalizada da estética fútil chegou à vinicultura.

Do vinhedo jardim ao rótulo subliminar (cor, forma e estilo como fator de escolha), o vinho está sem alma. É um zumbi perambulando em gôndolas promocionais em redes de supermercados. É um ente ausente de expressão, sem personalidade, é simplesmente mais um produto a ser despejado neste parque de diversão implacável chamado mercado.

Num mundo que segrega e que condiciona comportamentos, o vinho estético (construído) está na moda. Elaborar um vinho está cada vez mais longe de sua real etimologia.

No Cáucaso, onde há relatos de elaboração de vinhos há mais de 8000 anos, o nome do fermentado de uvas deriva do termo *ɣwino*, cujo significado é "ventar" no idioma proto-cardevélico, que deu origem às línguas caucasianas.

Outra versão, porém, aponta que o nome vinho teria raiz na Índia védica, inspirado no licor de Soma, um preparado de ervas com propriedades psicotrópicas, chamado *vena*, que em sânscrito significa "amor", a mesma origem de Vênus.

Ultimamente não há ventos nem amores, o que existe é uma forte tendência em direção à padronização e à perda da identidade. Ao elegermos um vinho como ideal, mercadologicamente viável, sacrificamos inevitavelmente sua origem e, de quebra, sua cultura. Sepultamos a diversidade.

E as mãos de quem trabalha? E os métodos artesanais? É a tecnologia pela tecnologia que, em nome da facilitação de processos, desponta como um pesadelo: braços robóticos substituirão as mãos dos viticultores? Farão a poda e a colheita? Este futuro já é presente, e as leveduras geneticamente modificadas já estão transformando qualquer uva em vinhos potencialmente interessantes.

Não demandaremos mais esforços para fazer uma "bela" bebida. E nossos valores humanos? Importam? Importarão?

O *status*, o prazer, o poder nos farão esquecer as primaveras chuvosas, os outonos gelados, o causticante verão, as lágrimas das safras perdidas.

Vinho-arte-poesia-amor versus vinho-capital-commodity.

A natureza não será mais empecilho para "fabricarmos" vinhos. O direito à liberdade concedido pelo próprio Criador perdeu o sentido. O homem do novo milênio se vê expulso do paraíso, desta vez pelo próprio homem. Que preço pagaremos pelo novo pecado original?

Que preço pagaremos pelo fim das histórias dos nossos porões, que preço pagaremos pelo esquecimento da verdadeira vocação vitivinícola no Brasil?

Porém, sempre restarão alguns heróis dispostos a preservar e a resgatar a cultura vínica mais linda deste Brasil, aqueles que entendem o vinho por meio dos valores indissociáveis ao homem, como a ética, a cultura, a preservação da história.

No vinho não está a verdade, no vinho está o amor.

A verdade é relativa; o amor é absoluto.

Sim, um outro vinho é possível.

No vinho, o amor!

Então a Lua
Ao inundar com sua luz o vinhedo
Ilumina o varal de uvas pendentes
O Vento as acorda do sono da madrugada
E as embala em tortuoso minueto
O Sol amanhece em quartetos
Vai escrevendo entre aurora e poente
Com sua pena de luz
O que os humanos ainda não compreendem
Assim é este vinho etéreo
Fecundado pelo Sol, Lua e Vento
Deixando em ti este gosto
De presente, sem tempo.

MÃOS PÚRPURAS

Meu pai nasceu em 23 de janeiro de 1938. No mesmo ano, meu avô Domenico e seu irmão Páris dariam fim ao trabalho de vinhateiros, que exerciam concomitantemente a outras atividades.

Mesmo que não fizessem grande quantidade de vinho, já não era mais possível trabalhar neste ramo.

Isto não foi privilégio do meu avô. As constantes crises e instabilidades no mercado do vinho levaram centenas de famílias a desistirem da atividade nos idos de 1930. Depois de décadas morando no Rio Grande do Sul, a família Zanini foi tentar a sorte no estado vizinho, Santa Catarina.

Meu avô até os últimos dias de vida, quando tinha sede, bebia vinho. O vinho o acompanhou sempre. Teve 13 filhos, e na década de 60, um de seus últimos rebentos chamado Wilson Luiz, voltou à Serra Gaúcha, não para fazer vinho, mas para gerenciar um comércio.

Luiz, como era chamado na família, era meu pai e tinha pouca relação com o vinho, acabara não herdando os hábitos de meu avô.

Estabeleceu-se em Caxias do Sul, conheceu minha mãe, Terezinha, e com ela teve dois filhos, eu e minha irmã Luciana, e a uma quadra da antiga vinícola Luiz Antunes construíram uma casa. A Luiz Antunes foi uma vinícola fundada por portugueses em 1865 em Porto Alegre, e em 1913 instalou-se em Caxias, vivendo seu auge entre as décadas de 30 e 50.

Da minha casa até a escola, Colégio do Carmo, no centro da cidade, eram quinze minutos de caminhada. Para chegar até lá passava-se por duas vinícolas, além da Luiz Antunes, a Vinícola Riograndense. Trajeto bucólico e poético na época.

Na metade de fevereiro, quando começavam as aulas, os caminhões enfileirados e carregados de uvas, se amontoavam nas ruas, formando verdadeiros comboios para entregar a fruta sagrada para as duas vinícolas.

O sol era escaldante e as abelhas desvairadas buscavam o açúcar para o seu mel; os aromas das uvas frescas recém-colhidas perfumavam aquele cenário multicolorido e borbulhante.

Eu olhava, espantado, para aquelas pessoas que esperavam pacientemente, durante horas, para entregar o fruto de um ano inteiro de trabalho. Eram homens, mulheres e crianças que vinham com seus caminhões abarrotados de uvas para abastecer as vinícolas.

Eram pessoas falantes que conversavam entre si numa língua estranha, principalmente para mim, que tinha pouco contato com o dialeto vêneto, já que minha mãe é de origem alemã, e meu pai não o dominava.

As vestes deles eram simples como eles.

As calçadas eram tingidas por bagas esmagadas e formavam incríveis mosaicos de cor púrpura, por causa dos cachos que caíam dos antigos bigunços (tonéis de madeira abertos onde a uva era transportada para as vinícolas) e eram inevitavelmente pisados pelos transeuntes. Meus calçados ficavam com as solas avermelhadas deixando pegadas até um bom trecho do caminho para a escola. E lá chegando, eu comentava sobre a alegria daquelas pessoas que gesticulavam muito, falavam alto, e ressoavam intensas gargalhadas.

Meus colegas, admirados com a cor dos meus calçados, me alertavam: "eles são colonos, precisamos estudar para não sermos como eles, não podemos ser colonos!"

Colono! Esta era a palavra que identificava aquele povo barulhento, alegre e descomedido. Como assim? Então o objetivo de estudar era para não ser feliz como aquelas pessoas que traziam uvas em seus velhos caminhões? Sim.

Numa destas idas e vindas da escola, quase no término da vindima, no final do mês de março, desci pelo Parque Getúlio Vargas. As folhas dos plátanos já começavam a amarelar e emolduravam as calçadas. Eu caminhava, cabisbaixo, observando os desenhos pentagonais que elas formavam, quando, inesperadamente, uma mão estendida com um cacho de uva interrompeu a minha caminhada. Uma menina que estendia seus braços, e com uma candura infinita, me ofereceu aquele cacho de uva. Olhei para seu semblante feliz, suas roupas simples, suas unhas "pintadas" de mosto, seus cabelos escuros totalmente desalinhados, sua pele queimada do sol, seus olhos resplandeciam como esmeraldas em seu rosto.

O menino uniformizado de unhas limpas e cortadas, com um tímido sorriso segurou aquele cacho como uma joia que vinha dos céus, e sorveu a fruta como quem experimentava a eternidade da vida.

Não era só a luz do outono, não era só o perfume que a fruta exalava, não era somente o doce que sentia, era também os olhos da menina, o sorriso, o seu olhar puro, sua pele queimada do sol. Eram as sensações inexplicáveis e indescritíveis de um novo mundo. Continuei caminhando até em casa, degustando baga a baga, talvez este tempo da delicadeza pudesse ser eterno.

Nos anos vindouros, a Vinícola Luiz Antunes encerrou suas atividades e mais tarde a Vinícola Riograndense também. Deixava ali as últimas impressões da minha infância, que o tempo caprichosamente me reservara.

Nunca mais vi a menina, nem os caminhões, nem as calçadas manchadas de mosto de uva, nem senti os cheiros de fermentações outonais.

Concluí os estudos e fui para a faculdade de Administração, fiz concurso e fui aprovado para ser bancário, onde não resistiria por muito tempo.

Mas, pela força do destino e do amor, desisti de tudo e fui estudar enologia, tomando o caminho da colônia.

O fato é que troquei a gravata pelas mãos púrpuras, da cor daquelas antigas calçadas, da cor das mãos daquela menina.

Hoje penso que, talvez desta maneira, pela primeira vez e sem saber, senti o que significava o vinho.

É este o vinho que levo com meus olhos, todos os dias.

E se o vinho quisesse, assim, inesperadamente,
Transfigurar-se
entre um raio de luz e lucidez
Se onipotentemente presente,
metaforicamente eloquente,
parisse aos quatro ventos
o hálito do seu grito?
Rasgaria apologias indefiníveis
E assim, como um grande inquisidor,
não perturbaria a tua razão?

OS MISTÉRIOS DOLOROSOS

A perda de meu pai na infância talvez seja um dos fatos mais significativos da minha história, pois, definiu de maneira tácita, a minha forma de encarar a vida e o vinho.

Meu pai era um homem sereno e tranquilo, pelo pouco que lembro e pelo muito que me falaram.

No outono gélido de 1979, seu coração parou de bater quando eu tinha apenas nove anos, e minha irmã Luciana, seis.

Não compreendia muito bem o que estava acontecendo, sabia apenas que nunca mais o veria.

O fato é que, uma grande mulher chamada Terezinha, abraçou a causa e a casa sozinha. Com suas mãos de fada de exímia costureira e com seus múltiplos talentos, nos conduziu para a vida com dignidade e amor.

Tive uma sorte imensa de ser educado por esta mulher, uma mãe dos sonhos. Dona Terezinha foi mãe e pai.

Para superar essa perda irreparável, minha mãe apegou-se de forma resoluta à religião, o que a manteve viva e com forças para criar os seus filhos. Através dessa palavra chamada fé, da qual a ciência ainda procura explicação, ela sustentou todos nós.

Nossa casa, além de próxima às vinícolas, ficava a poucas quadras de um convento chamado Carmelo do Menino Jesus (mais tarde eu descobriria que um dos muitos significados da palavra Carmelo é: "vinha fértil").

Lá habitam as irmãs Carmelitas, uma ordem religiosa fundada no Séc. XII.

A morte de meu pai comoveu muita gente naquele ano. Ele tinha apenas 41 anos e morreu cumprindo uma promessa, no dia 26 de maio de 1979: fazer uma caminhada de 20 km, de casa até o santuário de Nossa Senhora de Caravaggio, o que foi fatal para o seu coração.

Naquele ano, comemorava-se o centenário das romarias (peregrinações) à Caravaggio, pequena localidade no interior da cidade de Farroupilha.

As Irmãs Carmelitas, ao saberem que um vizinho tinha morrido nestas circunstâncias, proferindo sua fé, logo se sensibilizaram e se solidarizaram.

Elas passaram a estar presentes em nossas vidas. Foram anos de descobertas e isso incluiu, em parte, o vinho.

A ordem das Carmelitas obedece à clausura e à contemplação. Íamos frequentemente visitá-las no claustro. Através do locutório (uma roda de madeira que girava, com a função de enviar e receber objetos) podíamos conversar. Esta era a única forma de comunicação delas com o mundo. Ninguém podia vê-las, apenas ouvi-las.

Para um menino de nove anos, era um exercício de imaginação tentar associar cada voz a um rosto feminino. Como seria a irmã Clara? Como se pareceria a irmã Melânia, a irmã Encarnação e a irmã Marta? Assim voltava pelo caminho imaginando seus rostos.

Depois de estabelecer este contato, algumas literaturas religiosas caíram na minha mão, alguns livros emprestados pelas irmãs acabaram me incentivando ao hábito da leitura.

Lembro de um livro que contava a história de São João da Cruz e alguns de seus poemas, claramente meditativos, místicos, introspectivos. Não entendia absolutamente nada daquelas poesias, mas as sentia, as palavras eram lindas, e isso me alegrava. São João da Cruz era espanhol e foi proclamado padroeiro dos poetas da Espanha em 1952.

Logo em seguida, comecei a ensaiar meus primeiros versos, com aquelas palavras lindas das quais, às vezes, não sabia o significado.

Aos 11 anos, uma poesia que escrevi foi considerada uma das melhores da escola e ganhei como prêmio o livro *Vinte Mil Léguas Submarinas*, de Júlio Verne, com uma dedicatória da bibliotecária: "na sua mente latejava o triunfo" — busque-o através da leitura, que é o desbravador de seus caminhos.

Então, a poesia entrou definitivamente na minha vida.

E quanto ao vinho?

Quase tudo foi âncora e nada foi partida
Quase tudo foi ânfora e nada foi distância
Quase tudo foi sorriso e nada foi infância
Quase tudo foi colheita e nada ficou verão
Quase tudo foi epifania e nada foi razão
Quase tudo ficou Vênus e nada solto na amplidão
Quase tudo foi Jorge e nada foi dragão
Quase tudo travessia e nada embarcação
Quase tudo foi amor, alma, corpo, coração
Tudo foi vinho no tempo do infinito.

OS MISTÉRIOS GLORIOSOS

Quando entrei na Igreja do Carmelo, que fica anexa ao convento, duas epifanias aconteceram. A primeira foi a música, o coral das irmãs era lindíssimo. A outra, a pintura atrás do altar, chamada Nativitá, que retrata o nascimento de Jesus em uma estrebaria. É uma obra do pintor italiano Aldo Locatelli, nascido em uma cidadezinha perto de Bérgamo, na Itália, há mais de um século.

Estava constituída a minha santíssima Trindade que regeria meu universo dali para frente: a beleza da música, da pintura, e o ritual milenar do vinho,

> do mesmo modo, ao fim da ceia, Jesus tomou o cálice em suas mãos, deu graças novamente e o entregou a seus discípulos dizendo: "Tomai todos e bebei. Este é o cálice do meu Sangue, o Sangue da nova e eterna aliança, que será derramado por vós e por todos para a remissão dos pecados. Fazei isto em memória de mim".

E saber que este ritual perdurava por 2000 anos! O vinho, para mim, tornou-se sagrado de todas as maneiras possíveis.

Certamente o primeiro milagre de Jesus, uma das três epifanias cristãs, que foi a transformação da água em vinho nas bodas de Canaã, é a passagem bíblica mais emblemática e muito conhecida (aqui na Serra Gaúcha a passagem suscitava algumas brincadeiras dizendo que algumas vinícolas cresceram inspiradas neste milagre de Jesus).

Comecei a frequentar as missas com a esperança de participar mais efetivamente das celebrações. Meu sonho era ser coroinha, porém, o sacristão estava determinado a ficar *ad aeternum* como ajudante do padre.

Outra paróquia, chamada São Pelegrino, estava com vagas abertas para a função. Pensei: "será que terei uma chance? Se um dia eu for um enólogo, poderei colocar 'coroinha' como meu primeiro trabalho no currículo".

Minha mãe me levou para conhecer a igreja. Era a primeira vez que lá entrava e um verdadeiro turbilhão de emoções tomou conta de mim. Meus olhos não sabiam onde olhar, eram pinturas no teto, nas paredes, cores vibrantes, purgatório, céu, inferno, tudo ao mesmo instante, lentamente minha mão se desprendeu da de minha mãe, e fui tomado por aquelas imagens.

Eram anjos, demônios, homens, mulheres, crianças, Deus, diabo, céus, sóis, palavras em latim. Só parei no altar da igreja depois de ver todas as pinturas, e encontrei o padre que, com olhar firme me disse: "Este é Locatelli!"

Era o mesmo pintor italiano que havia pintado a capela do meu bairro, só que aqui suas criações cobriam a igreja em sua totalidade.

Mais tarde soube que ele coloriu e escreveu no teto da igreja os versos do *Dies Irae* junto às imagens do Juízo Final.

— Começamos semana que vem – disse o padre, depois de conversarmos sobre a possibilidade de eu participar das missas como seu ajudante.

Fiquei ainda mais feliz porque a missa era à tarde, depois das minhas aulas, e as celebrações seriam mais rápidas que aos domingos.

DIES IRAE VÍNICO

Na semana seguinte eu estava lá, apto a prestar os serviços da liturgia.

Nas três primeiras semanas fiquei longe das galhetas, onde repousavam a água e o vinho. No mês seguinte, porém, recebi a primeira oportunidade, em uma missa, de chegar perto do vinho e servi-lo no cálice. Éramos três coroinhas.

Quem já foi coroinha sabe que este é o auge da carreira.

Levar a Bíblia, acender vela, segurar incenso, badalar sineta, são funções anos-luz abaixo de servir a água e vinho no cálice durante a celebração. Que sensação incrível, ter em mãos o líquido que seria consagrado. O vinho que era uva, que era de uma videira, que algum agricultor plantou e colheu, viraria sangue de Cristo. O ritual que sobreviveu por gerações. O vinho que sustentou os imigrantes desta terra. Agora sim, estava plenamente feliz. Consegui repetir por várias semanas esta função, o que me fazia flutuar.

Um fato, porém, quase fez ruir a minha promissora carreira. Lá na sacristia, o vinho que seria consagrado na celebração estava em uma garrafa fechada com uma rolha de cortiça muito fácil de tirar, sempre guardada num armário com chave.

Nós, os coroinhas, chegávamos sempre dez minutos antes do padre iniciar a celebração e, um dia, um dos meus colegas cometeu a ousadia de ir até o armário, que excepcionalmente estava aberto, pegar a garrafa e provar o vinho no bico, passando para todos experimentarmos. Dentro da igreja? Em plena da Sacristia? Pecado mortal.

Não teve jeito, todos cedemos à tentação e bebemos o vinho direto da garrafa.

Quando entramos para a missa, estávamos com uma maior desenvoltura, mais alegres, quase festivos, mas tudo correu dentro da normalidade.

Foi a missa mais santa da minha vida, quanta leveza, os próprios personagens da Santa Ceia atrás do altar, que Locatelli pintou em apenas nove dias, ganhavam vida e reluziam. Pareciam pessoas de verdade que estavam participando presencialmente do banquete religioso.

Depois disso não foi difícil para mim, quando adulto, olhar para um vinho e enxergar as cores de Rembrandt, Caravaggio, Monet, Van Gogh.

Na saída da missa o padre fez um comentário dizendo que estávamos bastante inspirados e que a cerimônia tinha sido verdadeiramente linda.

Firmamos um pacto de nunca revelar isso a ninguém, mas, por uma dessas imperfeições do destino, um dos coroinhas faria a primeira comunhão em alguns meses e, na confissão, com medo de ir para o inferno, entregou todos nós.

Para nossa surpresa, o padre não nos dirigiu uma única palavra, e nem sequer nos deu penitência, apenas trocou o vinho de lugar. Poderia haver castigo maior?

Com o passar do tempo, as obras de Locatelli ficaram cada vez mais instigantes para mim. Junto a Portinari, foi considerado um dos maiores muralistas que trabalharam no Brasil. Ele fazia suas próprias tintas, e a Igreja

São Pelegrino é considerada sua obra-prima.

Realmente não conheço outra pintura da *via crucis* tão original. Locatelli foi ousado, quem pintaria uma lata de café, uma chuteira de futebol, uma vassoura, uma boleadeira na via-sacra?

As pinturas no teto do *Dies Irae*, considero ser o seu próprio réquiem. Assim como Mozart compôs o Réquiem para a sua morte, Locatelli pintou o seu neste templo.

Analogicamente, acredito que assim como Locatelli gostava de fabricar suas próprias tintas, o vinhateiro deve plantar suas próprias vinhas, ou parte delas, e com estas uvas fazer seu vinho. Só assim seu trabalho será completo.

Anos mais tarde descobri que o padre do qual fui coroinha, José Casanova foi quem trouxe para o Brasil uma cópia de uma obra do Louvre chamada: *La vierge à la grappe* (conhecida aqui como a Nossa Senhora da Uva) de Pierre Mignard (1640-1650).

Uma cópia desta pintura se encontra no Chateau Lacave, réplica de um castelo espanhol do século XII, erigido pela família Carrau na década de 70, também em Caxias do Sul, para elaborarem seus vinhos.

Não posso terminar este capítulo sem confessar que décadas mais tarde, fui reincidente no crime. Durante a execução do Réquiem de Mozart pela Orquestra de Caxias do Sul com a Sinfônica de Porto Alegre, eu e meu amigo Otávio Ruivo levamos um vinho para beber durante o *Dies Irae*, discreta e sagradamente dentro da Igreja São Pelegrino.

Dies Irae no teto da igreja, na música e na taça, um momento mágico e inesquecível.

Não quero a poesia longe das vinhas
Quero os versos escapulares que brotam da terra
Quero o grito do vento norte rasgando a noite
Para pintar a luz das estrelas nos teus olhos
Quero a profecia do amor
Quero o cântico barroco do vinho
Quero a beleza da tua presença na ausência
Quero beber a tua saudade
Quero tatuar em ti, de Khayyam, um poema
Não quero as vinhas longe da poesia
Quero um encontro de Dioniso e Deméter
Para reverberar em acordes celestes
O amor vínico evaporado em ésteres
No lagar mais sacro-insano desta terra.

O ZORRO E OS BORGES

Tenho uma lembrança de infância bastante vívida das vezes que ia passar as férias na casa do meu avô Domenico. Lembro dele em frente à TV preto e branco, já idoso, ligando o aparelho com alguns minutos de antecedência para esquentar as válvulas.

Então, lá se reuniam vários netos para assistir à clássica série O Zorro. Era o máximo da felicidade.

Dos aproximados quarenta primos e primas que tenho, pelo menos uns dez ficavam na sala, em silêncio absoluto. Assim que a TV começava a dar os primeiros sinais vitais, ele olhava para a criançada e bradava:

— Borges!

Ninguém se manifestava, afinal ali não tinha nenhum Borges. Então ele repetia com mais força:

— Borges!

Fixava o olhar em um dos meus primos mais velhos, e com a cabeça fazia um sinal para o "Borges" sair da sala e seguir o caminho.

No outro dia, no mesmo horário, em frente à TV antes de começar o Zorro, ele repetia:

— Borges!

Então outro primo se levantava e saía da sala correndo. Eu era muito pequeno e nunca fui chamado para cumprir tal missão. Era compreensível que todos tentassem se esquivar do codinome. O "Borges" escolhido deveria descer três andares de escada de madeira, atravessar um matagal e buscar um litro de vinho no vizinho, que o fazia no porão de casa, para meu avô beber durante o episódio. Em suma, o Borges do dia perderia o início do capítulo. Na época, quando serviços de assinaturas não existiam nem nos melhores sonhos, capítulo perdido era capítulo perdido.

Afinal, de onde veio o Borges? Borges era uma alusão a Borges de Medeiros, político gaúcho que por 25 anos governou o Rio Grande do Sul. Durante décadas seria o único governador a eleger seu sucessor, no caso, Getúlio Vargas, e assim garantir seu legado.

Meu avô era fã dos dois e com o seu irmão Páris, participou da revolução de 1930 que conduziu Vargas à presidência. Seria o fim da República Café com Leite, que consistiu na alternância do poder entre as oligarquias dos dois estados mais poderosos da época: São Paulo e Minas Gerais, marcando o término da chamada República Velha.

Como éramos uma infinidade de netos seria praticamente impossível lembrar de todos os nomes. A saída era chamar todos, carinhosamente, de Borges.

Meu avô abria sua garrafa de um litro e a bebia durante todo o episódio.

Para quem conhece a saga, era mais fácil o sargento Garcia prender o Zorro, que o nonno ficar sem vinho.

Anos mais tarde, descobri o importante papel que Borges de Medeiros teve no desenvolvimento da vitivinicultura gaúcha. Dentre os muitos registros de suas falas a respeito do assunto, uma me chama particular atenção ao tratar de um tema de meu interesse a que dedicarei várias páginas deste livro.

Em 20 de setembro de 1902, ele enviou a seguinte mensagem à Assembleia Legislativa do Estado:

> A viticultura tem melhorado visivelmente, devido aos trabalhos que a Estação Agronômica há empreendido com eficácia. A distribuição anual de bacelos das melhores castas de videiras trará dentro em pouco a substituição completa da uva Isabella, que não é a mais própria para a fabricação do vinho, atenta a sua fraqueza alcoólica.
>
> Mais do que o aumento da produção, que, aliás, é animadora, importa aperfeiçoar os processos de vinificação e combater as fraudes e falsificações de todo gênero, sobretudo quando consistem na adição aos vinhos de substâncias tóxicas.

MEU PRIMEIRO VINHO

Por motivos quase óbvios, a primeira vez que bebi vinho foi na casa do avô Domenico Zanini. Como refrigerante era algo raro naquela época, a bebida das crianças era vinho, geralmente tinto, misturado com água e açúcar.

Tempos depois, pude enfim bebê-lo como néctar puro. Se eu fosse traduzir a sensação que tive naquele momento, citaria um trecho da obra de Nikos Kazantzákis:

"O que é essa água vermelha, patrão, diga-me! Uma velha videira deita ramos, tem uns penduricalhos ácidos que pendem, passa o tempo e o sol os amadurece; eles ficam doces como o mel e então passam a chamar-se uvas; são apanhados, esmagados, bota-se o suco em tonéis, ele fermenta sozinho, são abertos no dia de São Jorge-Beberrão, e virou vinho! E o que é ainda esse prodígio: você bebe esse suco vermelho e eis sua alma que cresce, que não cabe mais na velha carcaça, e que desafia Deus para a luta. O que é isso, patrão? Diga-me!"[1]

1 KAZANTZAKIS, Nikos. *Zorba, o Grego*. Rio de Janeiro: Nova Fronteira, 1976.

O Vinho
Fruto da videira
O grande amor dos amores
O rito da loucura, o elixir da longa viagem
Ventre úbere da poesia
Elo com Deus e com os homens
Com a terra e os céus
Fonte de inspirações que se expandem insolentes nas minhas entranhas
Forjando no tempo a santíssima trindade: a poesia, a uva e o vinho!

A PRIMEIRA GARRAFA

Quando comecei a trabalhar com vinho, não imaginava que a coisa fosse tão ampla. Iniciar uma vinícola do zero era um desafio imenso. Transformar uma vinícola de papel em garrafas de vinho certamente foi o maior desafio da minha vida.

A Vallontano foi inspirada no projeto acadêmico da minha esposa Talise, como conclusão de seu bacharelado em Administração de Empresas. Seu plano de novos negócios foi criar uma vinícola voltada à valorização histórico-cultural do Vale dos Vinhedos. Meu sogro Laurindo, apaixonado por vinho, e com um antigo sonho de construir uma vinícola em sua terra, abraçou a causa e me convidou para ajudar a implantar o novo negócio.

Tive que rapidamente entender como tudo funcionava: reconversão de vinhedos, mudas, colheita, maquinários, equipamentos, vinificação, engarrafamento, rótulos, cápsulas, caixas, cola, sim, porque os rótulos eram colados, um a um, sobre um gabarito de madeira. Os rótulos autoadesivos custavam uma fortuna para nós.

Além disso, aprendi a lidar com a parte burocrática, como licenças ambientais, registro no Ministério da Agricultura, Conselho Regional de Química, nota fiscal, recolhimento de impostos, realmente tudo era muito poético.

A primeira vez que emitimos uma nota fiscal de entrada de uva, lembro da Talise com caneta e talão, grávida, sentada na escada, porque não tínhamos móveis para o escritório, priorizando os equipamentos para elaboração do vinho.

Confiar a mim tal tarefa foi uma atitude de grandeza e de coragem do meu sogro. Um homem que ama o vinho e sabe ensinar as pessoas a amá-lo também.

Estava assim envolvido em um projeto familiar e de vida. Trabalhamos muito para construir esse sonho. Além de mim e da Talise, há de se destacar o empenho de sua irmã, Ana Paula, que deixou a profissão de arquiteta, para forjar o outro alicerce da nova vinícola.

Talise e eu, levamos nossa primeira garrafa rotulada para o senhor Carlos Fateixa, um enólogo português formado na Escola Superior Agrária de Coimbra, que trabalhou por décadas em algumas vinícolas da Serra Gaúcha. Quando se aposentou, abriu uma loja de vinhos em Caxias do Sul chamada O Mundo do Vinho. Lembro que ele nos recebeu de forma doce e generosa, abrindo as portas da sua loja, em uma tarde ensolarada.

Ele adorou o rótulo e o nome.

— Vou degustar com toda a atenção do mundo – disse.

Depois ajeitou os óculos, girou a garrafa, a segurou com as duas mãos, como quem segura um bebê, e colocou-a sobre a mesa.

— Trabalho há mais de 40 anos com vinhos, cuidado para não serem somente mais um produtor qualquer neste universo.

Aquela frase ficou na minha cabeça.

Ao final do nosso encontro, o Sr. Carlos nos presenteou com um vinho português da safra 1997:

— É um Tinto da Talha, fermentado em talhas de barro; há séculos é elaborado assim.

Adorei ouvir a história deste vinho, e compreendi, já na primeira visita, que teria um mundo nada fácil a percorrer.

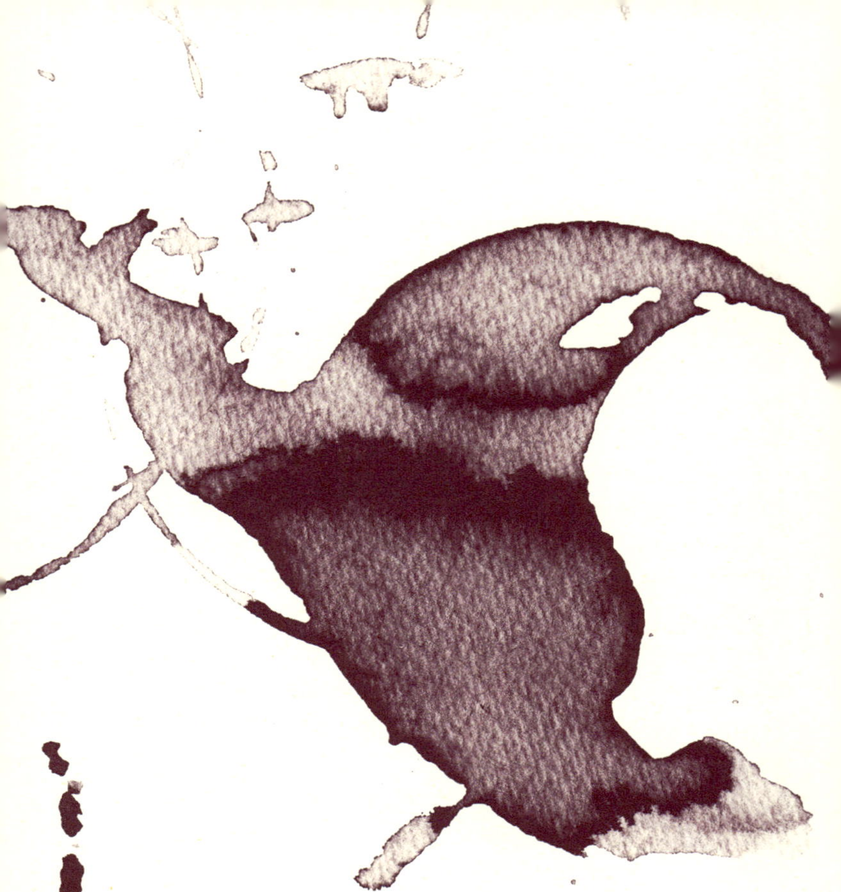

Rastros de estrelas, retalhos de pedras
Raios rasgando o prado, no invisível véu
Vinho de lua curvando a noite
Outono lírico compassando o céu
Nasce o ouro da Era, colorindo o Sol
Tinta que pinta a pele da vinha
Sob o lapso poético do respiro do vento
Exato momento, para Deus engarrafar o tempo.

VERÍSSIMO E A FLORA

Era o início dos anos 2000 e, concomitante aos trabalhos de produção, trasfegas, rotulagens, vendas e finanças, o começo de uma vinícola envolvia também outra atividade: trabalhar com o então incipiente enoturismo no Vale dos Vinhedos.

Foram anos de degustações improvisadas dentro do prédio de tijolos à vista que abriga até hoje a vinícola.

Colocamos duas barricas velhas, não velhas, muito velhas, com uma tábua sobre elas, e ali abríamos os vinhos, e fazíamos as degustações.

O acesso até a porta da vinícola era totalmente de terra, da estrada via-se apenas uma construção, sem nome. Os vinhedos reconvertidos estavam na área atrás deste pavilhão.

No início, era interessante receber os visitantes, perdi as contas de quantas pessoas passavam por lá. A maioria delas queria muito conhecer a história e os vinhos. Realmente não tínhamos história, a estávamos construindo. E isso era belo também.

Então, nos revezávamos aos finais de semana para receber os interessados em uma experiência mais artesanal dentro do Vale dos Vinhedos.

Em algum destes finais de semana em que eu não estava atendendo, fui informado que o escritor Luís Fernando Veríssimo havia visitado a vinícola, com sua mulher Lúcia e mais um casal de amigos. Ele fez uma degustação dos nossos vinhos, e disse que havia gostado muito do vinho Flora.

— O nosso Flora? Elogiado por um escritor que admiro tanto? – pensei comigo.

Flora foi a primeira uva branca que elaborei na minha vida. A variedade Flora é uma hibridação (cruzamento de duas cepas) Gewürztraminner e Sémillon criada nos Estados Unidos por um pesquisador da Universidade da Califórnia e trazida para o Rio Grande do Sul pela Estação Experimental de Caxias do Sul, em 1965.

Estava no início da minha caminhada na enologia e, em tese, não tínhamos tecnologia para fazer este vinho branco. Vinifiquei-o com todo o esmero possível.

Não tínhamos como prensar as uvas diretamente, então as desengaçávamos antes de passar para um tanque e, depois, ao longo do dia, fazer a prensagem. Assim o vinho ficou com as cascas muitas horas. Fermentamos sem controle de temperatura e deixei o vinho um tempo sobre as borras. Tinha adorado o resultado. Hoje seria um sucesso absoluto.

Elaboramos o Flora somente até 2004, porque não existia apelo comercial pela variedade, e nem se admitia vinhos brancos que não fossem translúcidos. Entretanto, o maior motivo foi o fato de o produtor de quem comprávamos as uvas ter decidido cortar o vinhedo por não conseguir comercializar a produção excedente.

O importante para mim, porém, era que Luís Fernando Veríssimo havia gostado do primeiro vinho branco que elaborei, da safra 2001. Sempre quis muito ter conversado com Veríssimo para saber por que ele tinha gostado daquele vinho, mas nunca havia surgido uma oportunidade.

Alguns anos depois, jantei com Luís Fernando e Lúcia. Eu e a Talise sentamos com eles à mesa, e tive a oportunidade de contar que tinha ficado honrado com sua visita.

Eles nos falaram que adoravam passear pelo interior de Garibaldi e Bento Gonçalves.

Ouvi atentamente o que Veríssimo falava, sobre o que ele pensava a respeito do mundo do vinho. Também contei a ele que gostava muito de um texto sarcástico, e obviamente hilário, que ele havia escrito sobre os críticos de vinho, que se chama "O *Expert*". Nele, Veríssimo narra a trajetória de um homem que havia se tornado uma das maiores autoridades mundiais no assunto, mesmo sendo abstêmio.

Depois de conversarmos um tempo, perguntei a ele:

— Luís, por que você gostou do Flora? — Veríssimo sempre preferiu os tintos aos brancos, isso me deixou ainda mais curioso.

A resposta sintetiza tudo em que acredito no mundo do vinho:

— Porque achei um ótimo vinho! Muito agradável ao meu paladar – disse Veríssimo.

Está dito!

Deixe-me grego,
e serei Dioniso a festejar com as plêiades e ninfas
Deixe-me romano e serei Baco a entorpecer o espírito
Deixe-me apenas eu mesmo,
e serei os dois a incendiar a terra.

O VINHO E O TEMPO

Pode ser uma visão romântica de um poeta vinhateiro, mas nenhuma outra atividade é tão emblemática, e reflete tanto o ciclo da vida quanto a vitivinicultura.

De forma pragmática, a atividade vitivinícola compreende a agricultura e a indústria. Observar o ciclo vegetativo é uma reflexão, nos dois sentidos da palavra: nós nos refletimos enquanto seres vivos nas etapas que cingem as estações e também nos remetemos à reflexão sobre o nosso próprio tempo. Em meio a isso, nos deparamos com uma série de variáveis de um mundo moderno que parecem ser incontroláveis como a velocidade, a superficialidade e, por que não dizer, a mercantilização das relações e a ganância. Assim, aceleramos processos para aumentar a eficiência em nome do que alguns chamam de produtividade.

De maneira natural, temos o tempo como o grande aliado do vinho. Precisamos do tempo e de tempo para o seu florescer. São decisões de como interferir numa gestação: os riscos de um parto prematuro ou a paciência e a espera pela hora certa do nascimento.

Na parte de elaboração (indústria): temos o tempo exato para o recebimento das uvas, o tempo de fermentação, de maceração (o tempo que o vinho fica em contato com as cascas), o tempo em barricas onde o vinho majestosamente repousa; o tempo em garrafa onde ele sabiamente envelhece.

O vinho precisa de tempo para ganhar complexidade, para crescer, para encantar, e este processo não finda, seu ciclo evolutivo continua até que a garrafa seja aberta para alegrar nossas almas.

Uma das lições mais importantes que o vinho nos dá é que, se priorizarmos a velocidade, estaremos colocando em risco todo o trabalho na vinha. A palavra qualidade, no mundo do vinho, é antagônica à palavra velocidade. São incompatíveis.

Um exemplo corriqueiro, que acontece nas grandes indústrias, é a pressão que o Departamento Comercial faz para que se acelere o processo de elaboração visando atender às demandas mercadológicas. Normalmente, o Setor da Produção vai considerar este apelo, usando de todos os meios disponíveis para que o vinho fique pronto o mais rápido possível para atender aos clientes.

Enquanto isso, numa vinícola artesanal, dificilmente haverá espaço para esta negociação, porque seu comprometimento é com a sua consciência, seu ganho está no valor do trabalho, ou seja, ele não entra na economia de escala, como o vinho *commodity*.

Em milhares de anos de cultivo da vinha, nunca sofremos tanto a influência do mundo apressado quanto agora. O mundo do vinho também está acelerado e não conseguimos nos desvincular deste imediatismo, salvo algumas exceções. Um dos exemplos mais caricatos dos últimos tempos são as consultorias de enólogos que chamo de hollywoodianos, que indicam aos seus clientes, aportar aos vinhos efeitos especiais como a micro-oxigenação.

A moda da micro-oxigenação dominou o mundo na primeira década deste século. O processo consiste em utilizar um aparelho que libera aos poucos uma quantidade ínfima de oxigênio artificialmente ao vinho e que, combinado com aparas de carvalho resulta em um efeito parecido com o uso de uma barrica. Ao invés dos vinhos ficarem meses ou anos repousando em barricas, pode-se em poucas semanas obter um resultado semelhante.

Este é só um exemplo. Existem várias outras interferências enológicas. Ou seja, hoje as vinícolas industriais estão mais preocupadas com os efeitos especiais do vinho, do que com um bom roteiro e um bom roteiro começa pelo respeito às características de terra e clima de onde vêm as uvas.

Se dentro da vinícola existem cada vez mais e mais intervenções para que o vinho apresse seu processo natural, no campo, a pressa não fica para trás.

Um exemplo desta aceleração são os vinhedos das regiões onde as videiras são induzidas a produzir de duas a três colheitas por ano. Normalmente estas áreas permitem a mecanização total para a elaboração dos vinhos, desde a colheita até a vinificação. O número de empregos gerados é mínimo perto do grande lucro obtido por estas empresas, e vai exatamente na contramão do que seria correto para a videira, privilegiou-se o latifúndio lucrativo, em detrimento da agricultura familiar sustentável.

Vivemos em um mundo acelerado, onde tudo o que é rapidamente construído, pode rapidamente desmoronar. Isso vale não somente para o mundo vitivinícola, mas também para nossas relações pessoais e profissionais, a velocidade parece não combinar com a estabilidade. Vivemos tempos voláteis.

Estamos vendo, mais recentemente, novas técnicas de poda na viticultura que permitem cultivar uva em praticamente qualquer lugar do planeta. Alguns produtores, inclusive, fazem o uso de hormônios, para conduzir o ciclo da vinha conforme sua vontade.

Como se pode ver, não há mais limites para o homem. Deixo claro que cada produtor tem o direito de usar qualquer técnica que deseje, desde que explique isso ao consumidor de maneira transparente.

Se por um lado estamos presenciando esta influência assustadora do mundo tecnológico apressado, que atropela geografias e histórias, também observamos o surgimento de vinhateiros que vão na contramão deste imediatismo. Eles plantam suas próprias uvas, resgatando variedades autóctones e em extinção, e retomam os métodos ancestrais de vinificação, como os vinhos de talhas, ânforas, lagares, tinas de madeiras e técnicas antigas. Isso não é só um resgate para a enologia, mas também para a humanidade.

Talvez seja possível, com estas iniciativas, voltar a compreender o vinho como uma bebida do tempo. Afinal, engarrafamos o tempo, cada safra é fruto de uma uva que viveu todas as estações de um determinado ano e transformou-se poeticamente em vinho. Assim também somos. A natureza é implacável, e o tempo, inexorável. Parece-me que hoje em dia queremos a qualquer preço desafiar o tempo, para o vinho e para a vida; o tempo em que vivemos, e o nosso próprio tempo. Muitos tentam freneticamente lutar contra ele.

Pessoas e vinhos, em tese, não deveriam voltar à adolescência. É como se quisessem transformar o vinho de uma safra antiga, em uma safra nova. Pode-se mudar o rótulo, a garrafa, a rolha, mas não o vinho. Nós também maturamos, evoluímos, nós também, feliz-infelizmente, oxidamos, é a ordem da existência. Triste de quem não descobriu a beleza disto. Nostalgia, todos temos. "Eu poderia ter feito outro vinho com esta uva", sim, mas não se sabe em que vinho ou vinagre diferente resultaria. Muitos gostariam de retornar à "fermentação" quando já estão "engarrafados".

O que nos cabe é encontrar a melhor cave para nossos vinhos e para nossas vidas. Poder a cada dia observar um vinho envelhecendo é uma dádiva, e ver a vida transcorrendo paulatinamente diante do espelho é uma dádiva ainda maior. Somos a "safra" que somos, não podemos mudá-la. Estamos a cada dia pintando nosso autorretrato e escrevendo a nossa história.

Saber degustar a vida como um bom vinho e uma boa companhia à mesa, sem os pensamentos frívolos que pululam na nossa mente, pode nos permitir desafiar o tempo e, quem sabe, tocar a eternidade.

Por que me perguntas o que deves sentir ao beber este vinho?
Por que me perguntas a que remete este espírito engarrafado?
Neste vinho tem todas as cores da tua pintura
Há também o cheiro da tua casa
O encontro entre o céu e terra
Entre a luz e a chuva
Entre o sol e a lua
Este vinho pode ser um solo de violoncelo para embalar teu sono
Mas pode ser uma orquestra para estremecer a terra
O vinho é teu
E tudo está em ti.

VINHOS DO BRASIL

Quando resolvi participar de um evento que avalia anualmente os vinhos brasileiros, em setembro de 2006, foi por um único motivo. Eu sabia que um amigo e companheiro de tantas lutas dentro do setor do vinho, Werner Schumacher, seria homenageado.

Ele recentemente havia renunciado à presidência da entidade da qual eu era vice, por incompatibilidade com alguns associados, e eu assumiria seu lugar, para tentar, de alguma forma, levar adiante seu projeto, o que obviamente não consegui.

Esse evento reúne cerca de mil pessoas, em um único auditório, com a oportunidade de degustar as amostras selecionadas como mais representativas da safra em que o vinho foi elaborado.

Ele mostra uma certa tendência para onde está caminhando o vinho brasileiro, qualidade, tecnologia e identidade (?).

Antes destes vinhos chegarem a esta "final", são realizadas baterias de degustações com enólogos convidados. Durante algumas semanas, analisam e selecionam os vinhos através de um sistema de pontuação.

Por ocasião do encontro, todo ano é feito um painel com degustadores convidados, jornalistas, enófilos e afins, para avaliarem e comentarem as 16 amostras finalistas.

Então, naquele dia os nomes começaram a ser anunciados e um a um tomaram seus lugares à mesa.

Eu estava muito bem acomodado, mas sobressaltei ao ser anunciado o nome do cineasta Jonathan Nossiter, diretor de *Mondovino* que havia sido indicado à Palma de Ouro em Cannes, em 2004, e também ao prêmio César, como melhor filme da União Europeia em 2005. Um ótimo marketing para o evento.

Sou um apaixonado por cinema, porém, ainda não havia assistido ao documentário. O lançamento do filme foi em uma sala de Caxias do Sul, e ficou apenas uma semana em cartaz e não tive oportunidade de assisti-lo.

As amostras selecionadas eram servidas para todos os convidados e, depois de todos degustarem e darem suas notas para os vinhos, eram arrecadadas as fichas para se fazer uma média das notas do público, da mesa e do degustador convidado. Para aí, sim, calcularem a nota final do vinho e classificá-lo.

Serviram Nossiter e, após algum tempo, pediram para ele comentar sobre a amostra. Eu até então me sentia sonolento com os mesmos comentários de sempre.

Nossiter então começou a falar sobre o veto do governador do Estado da época, sobre a polêmica lei que transformava o vinho em alimento que havia sido aprovada por unanimidade pela Assembleia Legislativa gaúcha. Fez alguns comentários divertidos sobre a lei.

Jonathan agradou a plateia que viu sua fala com simpatia, mas isso durou apenas alguns minutos. Com um português irreparável, para quem morava no Brasil há pouquíssimo tempo, começou a sua intervenção:

— Confesso que estou preocupado — silêncio mortal na plateia — preocupado com o rumo que o vinho brasileiro está tomando. — Nenhuma pessoa se mexia no imenso auditório. — Estou preocupado com este estilo de vinho, se estas amostras que foram escolhidas são representativas do vinho brasileiro fico muito apreensivo.

Jonathan foi elegante e diplomático, mas atingiu em cheio o novo vinho brasileiro. Três dos 16 vinhos servidos eram de uma mesma empresa que havia feito parceria com um consultor francês muito questionado por Nossiter em seu documentário.

Vivíamos o auge da valorização dos vinhos chilenos e argentinos concentrados, encorpados, alcoólicos, geleia-frutados, que tinham conquistado o paladar de boa parte do mercado brasileiro, e a tentativa de copiar este estilo estava em voga: exatamente a padronização que Jonathan explicitou magnificamente em *Mondovino*. O vinho estava sendo fabricado como uma receita de bolo.

Ele continuou: "Penso que este não é o caminho", e quando concluiu, o silêncio já era ensurdecedor.

Lembro que ficou contrariado quando o responsável pelo microfone o lembrou:

— A sua nota, por favor? Sua nota, por favor?

Jonathan, respondeu fora do microfone: "que nota?"

Pensei comigo: preciso falar com ele, e mostrar que existem outros vinhos brasileiros que não estão aqui.

Logo que terminou a degustação, várias pessoas o assediaram, umas tentando levá-lo para suas vinícolas, outras, para apresentar seus vinhos.

Alguns tentaram abordá-lo questionando sobre o tema da época, a tal lei do "vinho alimento". Outros o assediavam por ser uma personalidade; um verdadeiro enxame. O mais engraçado é que ninguém falava sobre concordar ou discordar com aquilo que haviam acabado de ouvir. Parece que tudo o que ele dissera se transformou em poeira cósmica.

Não tinha a mínima chance de uma aproximação naquele momento. Então, afastei-me de toda aquela gente, pensando também que ele já deveria estar cansado de participar de eventos daquele tipo.

Durante o almoço, porém, estávamos nos servindo no buffet organizado pelo evento. Foi quando consegui me aproximar e ele levemente sorriu para mim, quase que mecanicamente.

Disse-lhe, olhando nos olhos:

— Jonathan, concordo com aquilo que falaste, é o retrato do nosso vinho, infelizmente. — Ele prestou atenção nas minhas palavras (mais do que deveria) e quis sentar-se ao meu lado, dispensando o séquito.

Conversamos intensamente, e o tempo voou.

Falei que tinha uma pequena vinícola, e também disse que existiam outros vinhos no Brasil, mas que não participavam da avaliação.

Na mesma mesa, também estava Werner Schumacher, que falou das razões porque estava abandonando a entidade que ajudou a criar.

— Estou preocupado com o que vi há pouco – disse Nossiter, com uma sinceridade única, referindo-se aos vinhos da avaliação.

— Esta é a regra – comentei.

— Desculpe, mas não conheço teu vinho, quando

cheguei ao Brasil, bebemos muitos vinhos, mas poucos chegam ao centro do país.

Jonathan havia tocado em um ponto nevrálgico: a distribuição dos vinhos de pequenos produtores no Brasil. Moramos em um país continental, onde o transporte é caro e as distâncias planetárias.

— Jonathan, neste país ser pequeno, em tudo, é difícil – respondi. Desde a produção, a taxa de impostos, as exigências sanitárias. Ou fazemos um vinho de mercado, ou estamos fadados a morrer.

Não há espaço para nada. Pelo menos não havia em 2006.

— Mas, sendo assim, a vida de um vitivinicultor perde o sentido, não tem mais sentido! Se não formos sinceros com nós mesmos, de que adianta viver? – respondeu.

Fiquei sem resposta diante desta frase.

Conversamos até o final da tarde, e o pessoal que queria filmá-lo para mais uma tentativa de promover o vinho brasileiro acabou desistindo.

Eu estava indo para casa e lhe ofereci uma carona até o hotel. No caminho confessei:

— Jonathan, eu não assisti a *Mondovino*.

Ele sorriu e disse:

— Isso agora não importa, estou feliz de ter te encontrado. Um dia desses você assiste.

— Jonathan, obrigado pelas palavras, talvez muitos a partir de hoje pensarão duas vezes antes de desistir.

Ele me retribuiu com um abraço e me agradeceu pela carona.

Que fragrância é essa que me trouxeste para perfumar a manhã?
Que ouro é esse que brilha como o trigal maduro em minha taça?
Que elixir é esse que inebria meus sentidos, fazendo-me voar?
Esse é teu vinho que conversa com os ventos?
Não, meu vinho é silêncio
Meu vinho deixa minha alma nua aqui nas vinhas para escrever sobre ti
E para perfumar todas as manhãs do mundo.

E OS VENTOS SOPRARAM

Enviei, na mesma semana, várias amostras de produtores do Rio Grande do Sul e de Santa Catarina que não estavam naquela avaliação. Nossiter percebeu que não existiam somente vinhos daquele estilo no Brasil.

Enviei os vinhos que eu elaborava, que nunca foram mercadológicos, muito longe disso. Tínhamos imensa dificuldade na comercialização por serem vinhos simplesmente autênticos, sem maquiagem, sem manipulação, com uma acidez característica da Serra Gaúcha. Vinhos que tinham alma.

Nossiter gostou de várias amostras e as apresentou para Ciro Lilla, proprietário da mais reputada importadora de vinhos no Brasil, uma das maiores importadoras da América Latina, a Mistral (Mistral é nome de um vento que sopra no sul da França).

Após pouco mais de um ano, a desconhecida Vallontano figurava no catálogo da mais reputada importadora brasileira. A Mistral foi a primeira importadora do Brasil a dar espaço a um vinho brasileiro.

Conversei por semanas com o Ciro Lilla, e nossas conversas fluíram. Sempre teve uma escuta generosa sobre nossas dificuldades como pequeno produtor no Brasil.

Não nos conhecíamos pessoalmente, mas sempre deixei claro para ele que jamais abandonaria as minhas lutas pelos pequenos produtores, mesmo que eu tivesse êxito como produtor em sua renomada importadora.

E sempre foi assim, uma relação de respeito mútuo.

Ciro veio a Bento Gonçalves, e do aeroporto de Porto Alegre até o Vale dos Vinhedos conversamos muito sobre o mundo do vinho. Várias coisas me chamaram a atenção. A primeira, é que ele já sabia muito sobre mim, e abraçou de forma incondicional a filosofia que eu impunha para a vinícola. Também sabia que estava lidando com um poeta, e que meus sonhos não terminariam ali, ao contrário estavam só começando.

Sempre decidimos tudo na palavra, absolutamente a confiança mútua estava além de um contrato, além de um papel, nem tudo precisava estar escrito. Tanto que, quando fechamos a parceria com a Mistral, eu não estava no Brasil, e sim trabalhando na Borgonha, e foi a Talise quem concluiu todos os detalhes da negociação. A Vallontano segue, em 2023, sendo a única vinícola brasileira em seu catálogo há mais de 16 anos.

Há que se destacar o apoio incondicional de Ciro Lilla a todas as demandas advindas dos pequenos produtores brasileiros, principalmente em dois temas: o Simples Nacional e a não implantação do Selo Fiscal, mas estes são assuntos para um próximo livro.

E meus voos nos ventos certamente não terminariam ali, ao contrário, Mistral seria o primeiro deles.

Ó liberdade, quão inatingível és!
Resides nas cores primaveris?
Ou nas ruas de Miraflores?
Em que vinho te escondes?
Que poeta te descreve?
Ó liberdade, precisas gritar pela poesia
Pelas tintas da menina que pinta
Pelas garrafas não numeradas da bebida expatriada
Ó liberdade, tenho urgência de ti
Preciso compreender-te
Na exaltação do Cântico dos Cânticos
Na profecia das vinhas sobre a terra
Na fuga dos epílogos dos verbos do tempo
Liberdade, preciso-te!

VINHO, CÂMERA, AÇÃO

Paula Prandini veio ao Rio Grande do Sul em 2007, para gravar um documentário sobre vinhos. Dona de uma carreira linda como fotojornalista, trabalhou na fotografia de grandes filmes como Central do Brasil (1998), Diários de Motocicleta (2004), de Walter Salles, e Última Parada 174 (2008), de Bruno Barreto.

Com ela, outra pessoa nos cativou instantaneamente, Pablo Ramos Grad, diretor argentino que também trabalhou com Walter Salles nos filmes, Diários de Motocicleta (2004) e On the Road (2012) e que tem no currículo, importantes trabalhos no cinema, como diretor e roteirista.

Eles vieram com a missão de fazer um filme sobre a situação do vinho no Brasil naquele momento, e fui um dos produtores convidados para participar das filmagens.

Criamos um vínculo com Paula e Pablo. Parecia que nos conhecíamos há anos, as conversas eram deliciosas e sempre regadas a vinho, o que fazia com que até esquecêssemos que a câmera estava ligada.

Paula nos dava a liberdade de falar o que sentíamos. Seu documentário extrapolou o tema vinho, falava sobre as nossas vidas, sobre o homem. O vinho era um mero coadjuvante. Paula amplificou nossa voz, nossos sonhos, nossas angústias, nossos desafios, compartilhou com milhares de pessoas a vida de um casal que resistia ao elaborar um vinho em que acreditava, que lutava incansavelmente para encontrar um espaço no mercado para os vinhos de sua pequena vinícola.

A câmera e os olhos de Paula também registraram o nascimento de um projeto vitivinícola poético livre, que ainda não tinha nome; ela registrou a primeira vindima da Era dos Ventos. Nunca vou esquecer de uma cena que ficou nos bastidores da minha alma. Estávamos exaustos depois de colher e vinificar o dia inteiro, e Paula largou seu equipamento e foi nos ajudar na limpeza do porão.

Esse era o espírito do documentário, produzido por Jonathan Nossiter e batizado por Paula como "Vinho de Chinelos".

Ele foi exibido na França pelo Canal Arte, com o título *Brésil, des vins à l'accent italien*,[2] inclusive com divulgação no jornal Le Fígaro. Na Itália, foi lançado com o nome, *Il Vino Immigrante*, com exibições em salas de cinema de Bologna, Roma, e no Piemonte, em Pollenzo.

O documentário de Paula nos proporcionou uma incursão no mundo do cinema até então intangível e inimaginável.

Uma das passagens mais insólitas e, por que não dizer, surreais da minha vida, foi quando o documentário foi selecionado para o II Festival de Cinema Slow Food em Bologna.

Fomos gentilmente convidados por Paula a participar da exibição do filme. A projeção ocorreu no dia 8 de maio de 2009 na Officinema/Mastroianni, no Cinema Lumière. Levamos dois vinhos para serem servidos

2 *Brésil, des vins à l'accent italien* (Brasil, vinhos com sotaque italiano).

durante a exibição do documentário, um Peverella 2008 e um Merlot 2004.

Entre os vários espectadores, estavam Santiago Amigorena, argentino radicado em Paris, diretor, roteirista, escritor dos recentes “Dias que não esqueci” e “O Gueto interior”. Também, a atriz francesa Irène Jacob, a musa do célebre diretor polonês Kieslowski da Trilogia das Cores, que a dirigiu em “A fraternidade é Vermelha”, o último filme de sua vida. Irène também atuou em O Jardim Secreto, Otelo, A Dupla vida de Veronique, entre outros. Era surreal pensar que ela estava ali, invertendo papéis.

Os dois, Santiago e Irène, assistiram à nossa história, bebendo Peverella. Penso que cinema, fotografia e luz nunca fizeram tanto sentido para mim.

Foi uma sensação única apresentar, em uma sala de cinema para os italianos, um vinho de uma uva de origem italiana, mas que não existe mais na Itália.

Eu não conseguia me concentrar no filme, apenas algumas cenas me faziam sonhar acordado, como a do meu filho Théo brincando com as pedras no meio das vinhas e a da minha filha Sofia colhendo os cachos de uva e colocando-os nas caixas. Eu jurava que eles estavam ali, sentia a presença deles, sentia o cheiro das uvas maduras, o cheiro da terra dos parreirais que havíamos plantado. Uma vindima de cenas misturadas com os aromas que subiam das nossas taças. A embriaguez da vida bebida em cálices e imagens. Por 45 minutos eternizávamos em uma tela europeia a nossa história.

Assim que terminou a exibição, houve um debate com a Paula e a Talise, que sempre foi elogiada por sua participação no documentário. Aqui faço um parêntese, avançando para julho de 2010, quando participamos de um evento, com degustação de nossos vinhos em Porto Alegre, chamado *Mesa de Cinema*, com a presença de Roberta Sudbrack e Nossiter, onde exibimos o documentário. Luís Fernando Veríssimo e sua esposa estavam presentes e, em uma conversa descontraída durante o jantar, ele falou para a Talise, "se não produzires mais vinhos, podes trabalhar como atriz, gostei muito de ti". Um elogio e tanto.

Logo após essa apresentação na Emilia-Romagna, partimos para o Piemonte, até Pollenzo e, no dia 12 de maio de 2009, fizemos um debate na Universidade de Ciências Gastronômicas, com Paula Prandini e Jonathan Nossiter, com o tema "*Un altro vino è possibile? Questioni su vino, giustizia e libertà*" com a mediação de Giancarlo Gariglio e Gigi Piumatti editores Slow Food, e de Nicola Perullo, filósofo, escritor e professor de Estética da Università di Scienze Gastronomiche, e novamente servimos o Peverella 2008 para os estudantes que assistiam ao debate.

O vinho preenchia todos os espaços, e foi novamente inebriante ver a reação das pessoas ao beberem um vinho brasileiro, de uma casta desconhecida, e da forma que era elaborado. O interesse dos estudantes de gastronomia impressionava. Debatemos sobre várias questões, sobre a terra, sobre a viticultura, sobre o clima, sobre política e sobre vinho, é claro.

Na Serra Gaúcha, o documentário foi exibido na Sala de Cinema Ulisses Geremia, Centro de Cultura Ordovás, em Caxias do Sul, que fica na parte tombada da antiga Vinícola Luiz Antunes, a vinícola da minha infância, onde ainda outras histórias aconteceriam.

Meu grande amigo, escritor e filósofo caxiense Gilmar Marcílio, possibilitou esta exibição. Marcílio, além de escritor, é diretor da Galeria Municipal de Arte Gerd Bornheim e grande cinéfilo. Com sensibilidade e delicadeza, ele dirige a sala Ulysses Geremia e seleciona cuidadosamente os filmes a serem exibidos.

Paula conversou com Gilmar e disse a ele que em poucos lugares no mundo havia uma sala de cinema tão acolhedora quanto essa. Vinho de Chinelos foi exibido dia 15 de dezembro de 2012, um sábado à noite.

Em entrevista à Conrado Eoli, para o Papo de Cinema, Paula respondeu ao questionamento:

"*Enquanto documentarista, como você avalia a participação e interação do realizador com os personagens retratados em seu filme?*

Penso que essa interação é antes de tudo entre seres humanos. Para mim, o cinema, ou a fotografia, são apenas meios que me transportam para outras realidades, e adoro viver novas realidades. Depois, com os filmes, tudo vai se construindo, se impondo. Muitos produtores de vinho que admiro e com quem tive momentos incríveis não estão no filme. É muito difícil acertar isso com a edição, pois é algo que se impõe, além da vontade do realizador. O encontro com o Luís Henrique e a Talise foi assim, eles tinham uma naturalidade incrível diante da câmera, logo pensei: *Nossa, a câmera gosta deles*! Quando vi o material, percebi que qualquer movimento, qualquer momento vivido com eles, mesmo os mais banais, se tornavam grandes quando filmados".

O texto abaixo é a tradução do release que a produção do documentário enviou para divulgação na França.

"Desde o século XIX, a história do vinho no Brasil, o mais jovem país produtor do mundo, é escrita por imigrantes italianos. Aqui, a produção comercial remonta a apenas trinta anos, evoluindo rapidamente de uma dimensão artesanal local para uma indústria de grande escala. Assim, a intensa atividade de um punhado de grandes empresas já comprometeu quase totalmente as chances de ver o desenvolvimento da produção em sintonia com o terroir. Na tentativa de preservar apesar de tudo a alma de um país e de uma terra, um jovem casal rebelde resiste para provar que o Brasil é capaz de escrever a própria história do vinho".

ROMA

No dia 1 de abril de 2014, eu estava em Roma para a exibição do documentário no Cine Detour. A chamada era: ore 21;30 *Il Vino immigrante*, di Paula Prandini (Brasile 2008, 45', versione originale sottotit. in italiano) alla presenza dell'autrice e del protagonista brasiliano del film, Luis Henrique Zanini (con il suo vino!).

Na mesma noite também seria exibido o novo filme de Jonathan Nossiter, feito ao lado de Paula, chamado Resistência Natural, que tive o prazer de apresentar no Festival de Cinema do Rio de 2014, com Walter Salles.

A sala em Roma estava completamente lotada, e Paula, após o término do filme, conversou com a plateia. Ela não falou só sobre sua obra, mas também como era sua relação com o vinho, desde a sua infância, e como eram as dificuldades de ser um vitivinicultor no Brasil. Em seguida servi os vinhos que havia levado para Roma.

Após a degustação, um homem me abordou e conversou comigo durante um longo tempo, seu nome era Rolando Mucciarelli. Perguntou de onde eram meus antepassados, e falei que era de uma pequena vila nos arredores de Vicenza, chamada Castelgomberto e, para minha surpresa, disse que sua mãe nascera próximo a esta cidadezinha no Vêneto. Conversamos sobre a vida dos imigrantes e o quanto o Vêneto era pobre naquela época. Sobre o documentário e nosso encontro, ele escreveu esse texto chamado *Resistenza Immigrante*:

"Certamente é graças ao vinho e às pessoas que se movem, falam, se olham, poder encontrar em Roma um vinhateiro brasileiro originário de uma cidade do Vêneto que fica a poucas dezenas de quilômetros de onde minha mãe nasceu: é uma das magias guardadas apenas para aqueles que seguem suas paixões.

Conheci Luís Henrique Zanini, vinhateiro brasileiro, há poucos dias no Cineclub Detour, em Roma, durante a apresentação de Resistência Natural, o novo filme de Jonathan Nossiter sobre o mundo do vinho dez anos depois de Mondovino, e a exibição de *Il Vino Imigrante* de Paula Prandini (...). No final do filme, degustamos um dos vinhos de Luís, o branco 2008 Peverella, uma vinha típica das colinas da província de Vicenza, colheita do ano em que o filme de Paula foi rodado (...).

A câmera sempre focaliza alguém sorrindo.

A exposição técnica e fria do produtor industrial, que fala em certificações ISO, colide, miseravelmente perdendo a batalha, com a emoção de Talise, mulher de Luís, durante a visita à adega para recordar as dificuldades encontradas e superadas no início do seu vinho aventura.

É um dos momentos centrais do filme, com a câmera que por um lado parecia por pudor não querer se deter muito nas lágrimas reprimidas, mas, ao mesmo tempo, tinha o desejo e a tarefa de eternizar um momento onde as emoções eram mais fortes e poderosas (...).

Claro, as técnicas evoluíram, é muito mais fácil fazer muitas coisas hoje do que trinta ou cinquenta anos atrás, e algumas coisas são feitas melhor; porém, o preço a pagar é alto, é a perda das emoções, a ausência de amor naquilo que se faz. Não há equilíbrio entre o artesão e a inovação tecnológica, e corre-se o risco de ser retrógrado em um sentido e hipermoderno em outro.

Em vez disso, o sorriso de Luís Henrique durante as filmagens de *Il Vino Immigrante* nos faz querer construir algo com as próprias mãos, colocando emoção e sentimento nisso.

Os três elementos da noite, o filme de Jonathan Nossiter, o filme de Paula Prandini, o vinho de Luís Henrique Zanini, são três produtos artesanais de muita qualidade, de estudo cuidadoso, de trabalho limpo que se unem, que dão o calor de uma pequena emoção.

Já o trabalho com as mãos, seja para fazer vinho ou para fazer um filme, para fazer uma mesa ou para escrever um livro, está se tornando uma prática antiga e fora de moda, sempre em busca da produtividade.

O vinho é migrante, as pessoas se movem, todos podemos aprender algo com quem vem de longe, todos podemos ensinar algo conhecendo outras pessoas (...).

Talvez seja por isso que hoje alguém quer que fechemos todas as portas".[3]

Assim, o cinema fez parte da minha vida! Através das lentes de Paula Prandini.

3 WINE ROLAND. "Il Vino Immigrante". *Le news di storie del vino*, 2014. Disponível em: https://storiedelvino.it/vino-immigrante/. Acessado em: 05.12.2023.

Deixe-me beber mais uma vez deste vinho, e irei embora,
Mas te imploro, deixe-me beber mais uma vez
Pois só duas coisas neste mundo fazem sentir-me imortal:
este bálsamo âmbar e o teu corpo nu
Deixe-me molhar os lábios neste precioso elixir
E te amarei tão intensamente, que todos meus sonhos impregnar-se-ão em teus sentidos
E que este amor herege e profano, sobretudo se revele,
na marca do meu sudário impresso nos lençóis
Depois de ter te amado numa noite de orgia santa.

A ERA DOS VENTOS

Abro os olhos lentamente, e o vento fresco de uma manhã de verão acalenta meu coração, sopra com a suavidade de um beijo de mãe, invade e domina aquilo que está longe de ser razão.

Uma lágrima corre em meu rosto como agradecimento pelo instante de estar vivo e respirar, e apenas sentir.

Embriaguez absoluta. Como a areia quente que nos afaga ao deitarmos depois de um banho de mar. Tal qual as estrelas que não tem nome e nos guiam pelas madrugadas.

Como uma música pode levar a nos apaixonarmos novamente pela vida? Como ela pode nos fazer transcender a existência e nos lembrar até daquilo que não vivemos?

Ao caminhar, ouço muitos sons enredados, inusitados, fortes. Inesperadamente, um silêncio se faz, e o som de um violino rompe pela janela da antiga vinícola da minha infância e então o mundo para. Parece uma valsa, acordes de lamento, um fado contemporâneo; a música me arrebata e invade por completo minha alma. Imediatamente fico em êxtase, a droga dos poetas.

A música permeia a alma, e como um machado abre uma fenda no coração. Não sei explicar, é impossível descrever, assim como o vinho. Apenas senti, com todo o meu corpo e espírito.

Era um ensaio de dança na antiga vinícola Luiz Antunes. Por que não entrei no prédio para perguntar que música era aquela? Porque segui meu caminho como um embriagado na noite escura.

Assim como num bom vinho, exatamente igual, sem artifícios, tudo estava naquele melancólico som de violino. A vida de uma vida, o luar da lua, a explosão solar que jamais queima. O brilho difuso que reluz sobre o grande universo, em raios suaves de harmonia em sintonia com a vibração elegante da terra. Lá onde habitam os anjos.

Nada mais marcava o tempo, nem relógios, nem ampulhetas, nem os sinos das igrejas. Nada disso, o meu tempo havia se libertado, sem nenhuma amarra, o tempo era um leve sopro de vento, e o nada.

O único pensamento agora é que eu poderia fazer um vinho com aquela música, colocá-la durante uma fermentação.

Não me contive, retornei à antiga vinícola e perguntei sobre a música erudita para algumas mulheres que desciam as escadas:

— Os ensaios terminaram, era numa sala ao lado da nossa. Tenta ligar na segunda-feira. Talvez possam te dar outras informações.

Segunda-feira para mim já seria o Apocalipse.

Falei então com outras pessoas até descobrir que o ensaio era de uma bailarina que estava dirigindo um espetáculo, chamada Cláudia Palma e que não tinham ideia de quando, e se, ela voltaria à cidade.

Vou morrer até lá — pensei. — Morrer por uma música Zanini? Perdeste o senso? Hoje se morre por queda de bolsa, por perda de criptomoedas, por pane no celular, por diminuição de seguidores nas redes sociais, não por violinos e violoncelos, perdeste o juízo? O que teus filhos pensarão disto, no futuro?

Não, não posso morrer por esta música. Num lampejo poético, senti que poderia sim! Posso, sim, morrer pela poesia, pela música, pela arte, pelo vinho, por aquilo que eu quiser, contanto que seja belo, e de que alguma forma faça sentido.

Porém, como abrandar o calvário em última e remota instância? Claro que através dos búzios do universo cibernético, feitos de bytes, bits, softwares e hardwares, vale do silício, conexões, links, redes e tudo mais, a serviço do meu único desejo.

Então lá joguei o nome "Cláudia Palma" para este universo imenso e infinito, e esperei o que ele me traria de volta. Cheguei a pensar, por um momento, e de modo infame, como seria bom que, se ao teclar nesta máquina de escrever da nova era, ela pudesse ler minha mente e descobrir o que eu estava procurando. Acessar diretamente as memórias da Cláudia Palma, encontrar a música, encaminhá-la ao meu endereço, e perguntar: Gravar? Sim ou Não? Sem importuná-la.

Mas graças a Deus, ainda não havíamos chegado àquele ponto, (o que agora assustadoramente já não parece impossível), caso contrário não haveria como contar esta linda história.

A música permissivamente invadia meus sonhos e desfilava em momentos que não devia aparecer, como em reuniões das entidades do vinho, no trabalho, na hora de pagar um título, no trânsito, no supermercado.

Estava esperando por uma resposta e o universo me devolveu um endereço de e-mail. E lá fui eu tentar me explicar para a Cláudia Palma, sem nunca tê-la visto:

```
—— Original Message ——
From: Luís Henrique Zanini
To: Claudia
Sent: Thursday, December 27, 2007 1:11 PM
Subject: Caxias do Sul - Ensaio
```

Cara Cláudia,

Meu nome é Luís Henrique Zanini, tenho 37 anos, sou vinhateiro e moro em Bento Gonçalves, onde tenho uma pequena vinícola.
O motivo insólito do meu contato é o seguinte:
Eu estava retornando de um passeio pelo parque em Caxias, com meus filhos, num sábado ao meio-dia, quando ouvi uma música inebriante que vinha do Centro de Cultura.
Paramos e ficamos quietinhos ouvindo aquela música que me remeteu aos concertos nas igrejas medievais na Europa. No dia seguinte, tentei perguntar para alguém do Centro de Cultura, sobre quem estava utilizando aquela obra genial. Conversei com o Adriano, e com a Elisa, e me disseram que talvez viesse do teu ensaio.
Ou seja, você é minha última esperança de

encontrar aquela música. Por favor, se possível, gostaria de te pedir se poderias me informar o nome e autor desta música erudita, me parecia contemporânea, com um violino muito melancólico, não sei, como é difícil descrever música!
Agradeço muito a tua atenção.
Um Grande Abraço.

Bem, não preciso dizer que não houve resposta na primeira, nem na segunda semana. Estava conformado, a música estava perdida. Certamente não iria mais morrer por ela, mas ficaria cravada dentro do coração. Dezoito dias depois, para minha surpresa, o universo cibernético e o outlook express trouxeram a seguinte mensagem:

—— Original Message ——
From: Claudia
To: lhzanini@terra.com.br
Sent: Monday, January 14, 2008 8:46 PM
Subject: simplesmente arte

Caro Luís Henrique

Acabei de receber o seu e-mail, estava viajando, por isso a demora.
Como a sua sensibilidade me tocou, um simples passeio num sábado pela manhã e a descoberta,

concordo com você, era mesmo uma música melancólica, linda cheia de sentimentos que também não sei explicar. Fiz uma coreografia de 35 min para a Cia de dança de Caxias do Sul e tinha um solo de uma garota (de uma solidão única) que não conseguia achar uma música, foi aí então que me apresentaram essa divina e arrebatadora, e fui fisgada como você.
Tudo isso, meu amigo Luís, se posso chamá-lo assim, para te dizer que no momento não tenho a sua resposta, mas sei que é de uma trilha sonora de um filme. Não se preocupe, devo ainda fazer a ficha técnica desse trabalho que irá estrear em fevereiro ou março, então terei tempo para descobrir.
A propósito ser enólogo deve ser uma profissão meio parecida com a minha, pois trabalhamos com os sabores da vida e de uma forma artesanal, não é?
Bom, um grande abraço e como é bom saber que ainda existem pessoas que param para ouvir uma música e observar a vida.
Claudia Palma

Bem, não havia mais mortes, nem amores perdidos em ampulhetas imaginárias.

—— Original Message ——
From: Luís Henrique Zanini
To: Claudia
Sent: Tuesday, January 15, 2008 3:21 PM
Subject: Re: simplesmente arte

Cara Cláudia,

Não sei como agradecer a tua disposição em me auxiliar na busca incessante desta música. Que não sai da minha cabeça, como foi marcante.
Concordo contigo quando dizes que trabalhamos com os "sabores da vida de uma forma artesanal", é isso que procuro, ser cada dia mais artesanal em tudo que for possível. Mas considero a dança, uma espécie de arte "superior", pois jamais será um produto, olha o que estão fazendo com o vinho! (...)
Acho a dança a expressão mais sublime da arte, pois junta poesia, música, movimentos. O que tu fazes é encantar, e é disso que precisamos neste mundo.
Sucesso com o teu trabalho! Quem sabe um dia poderemos dizer também, "no vinho simplesmente arte!"
Um Abraço.

—— Original Message ——
From: Claudia
To: Luís Henrique Zanini

Sent: Thursday, January 17, 2008 4:52 PM
Subject: Re: simplesmente arte

Caro Luís Henrique,

Não sei se considero a dança como uma arte "superior", mas com certeza uma arte extremamente complexa, falar em movimentos sobre a vida é realmente a sua grande dificuldade. Entendo perfeitamente quando diz sobre produto. A dança também luta para que isso não aconteça, existe um mercado que apoia o fazer dança como se estivesse indo a feira comprar frutas, por esse e outros motivos, ao contrário do que você imagina, pode, sim, também virar somente e apenas um produto. Mas, se acreditarmos na POESIA então estaremos fazendo ARTE (a pena é que isto tem um preço). A arte só faz sentido se pudermos tocar o coração do outro.
Abraços da amiga, Cláudia

Fiquei emocionado com esta simples troca de e-mails, principalmente com esta frase "A arte só faz sentido se pudermos tocar o coração do outro" e o vinho também só faz sentido se é para tocar o coração do outro.

Os dias seguiram-se rotineiros, até que numa manhã apareceu na vinícola um pacote, e dentro dele uma caixinha preta de CD, onde estava escrito, com letra de próprio punho: "Entrecorpo" (sublinhado), e abaixo "Valsa". Cláudia Palma, não me perguntou nada nos e-mails, sobre endereços, sobre a vinícola, nada. Simplesmente me presenteou com o que eu mais desejava.

Foi uma das maiores surpresas da minha vida. É óbvio que queria esta música antes da colheita, pois seria uma safra especial. Seria o primeiro ano que iríamos vinificarar a Peverella na Linha Palmeiro, em São Pedro, nos Caminhos de Pedra, onde o trabalho é puramente artesanal.

—— Original Message ——
From: Luís Henrique Zanini
To: Claudia
Sent: Monday, January 21, 2008 1:38 PM
Subject: Arte

Querida Cláudia,

Nem sei como agradecê-la! Fiquei perplexo diante da tamanha surpresa que me proporcionaste. Foi uma alegria muito grande, saber que aquela música "perdida" agora ecoa pelos cantos da nossa casa. É essa mesma.
Obrigado!Obrigado!Obrigado!
O teu gesto, ainda nos faz acreditar que é, sim, possível mudar este mundo. Não sabes a alegria que foi para mim.
Ainda não conhecemos o teu trabalho, esperamos

vê-lo em breve, mas já te admiramos muito. Farei um vinho especial este ano, utilizando esta música para a sua elaboração. Assim, se ele ficar pronto te devo parte da produção. (Risos)
Um Grande Abraço
Luís H. Zanini

—— Original Message ——
From: Claudia
To: Luís Henrique Zanini
Sent: Saturday, February 09, 2008 12:00 PM
Subject: Re: Arte
Querido Amigo,

Uma espécie de acontecer espontâneo chama-se em chinês TSE-JAM, "TÃO POR SI". Quando as folhas caem das árvores, elas seguem o vento, e se acontecer de caírem na água, seguirão a correnteza. O movimento (dança) e a vida também podem se tornar um acontecer fácil que simplesmente segue o vento e a correnteza...
Isso me faz pensar no seu texto, "outro vinho é possível?" Que precisamos voltar ao genuíno, a natureza, ao princípio para resgatarmos o cheiro, a textura, a cor, o sabor da terra, e dizer não ao efêmero, ao descartável, a produção em massa. Aí seríamos pessoas melhores, um mundo melhor e aí, sim, também poder ser o que se é, e poder se deixar levar

```
pelo vento ou correnteza.
Um grande abraço, chegando em Caxias te ligo
POETA.
Claudia Palma
```

Cláudia estava retornando a Caxias do Sul, para apresentar o seu espetáculo. Marcamos o encontro no Centro de Cultura Ordovás, depois do seu ensaio pré-apresentação. Quando chegamos, nem precisamos nos apresentar: uma aura e uma energia, inconfundíveis emanavam de seu sorriso.

Parecia que já nos conhecíamos há anos, foi contagiante, conversamos com ela ali em pé por algum tempo. Depois a levamos para visitar a vinícola em Bento Gonçalves, ela provou os vinhos, e adorei ouvi-la falar sobre eles, de maneira tão autêntica, tão simples, tão pura.

No dia seguinte, assistimos à sua arte, o espetáculo “Entrecorpo”. Momentos tocantes, e a música com que eu tanto sonhava, estava lá num solo de uma bailarina.

Pensei muito sobre isso, sobre esse processo de criação, sobre arte, sobre música, sobre os movimentos, sobre o vinho. Onde se encaixam as palavras? Onde se encaixam as vinhas? Onde se encaixam os corpos? Onde se encaixam o tempo e o espaço? Tudo está conectado, é impossível dissociar a humanidade da natureza.

No final da noite em um café em Caxias do Sul, eu, Claudia e Talise falávamos sobre os tempos que estávamos vivendo, sobre esta nova ordem mundial.

Então Cláudia voltou a nos falar sobre o acontecer espontâneo: o Tse-Jam, Tão por Si, ela nos disse que acreditava que estávamos vivendo uma era do movimento, leve e simples, um acontecer fácil onde as folhas das árvores se caíssem na água seguirão a correnteza ou senão, seguirão com o vento.

Neste exato momento tive a certeza de que estávamos vivendo esta era, a Era dos Ventos.

Ela, sem querer, ou por um querer maior que nosso entendimento, acabara de batizar nossa nova vinícola, eu apenas decifrei.

A música que fez tudo isso acontecer é da trilha sonora do filme "Amor à flor da pele" de Wong Kar-Wai, e se chama *Yumeji's theme*, de Shigeru Umebayashi.

Cláudia Palma, hoje, continua a encantar as pessoas com sua dança em seu maravilhoso projeto IN SAIO.

Na gota vínica, o sumo
A quintessência da vida
Tudo está nela:
A poeira da estrela
O colar de conchas
A textura do beijo
A flor de lótus tatuada em teu dorso
O cheiro da chuva afagando a terra
O arco lírico libertando o céu
Aquarela única,
de vinhas, tempos e rosas.

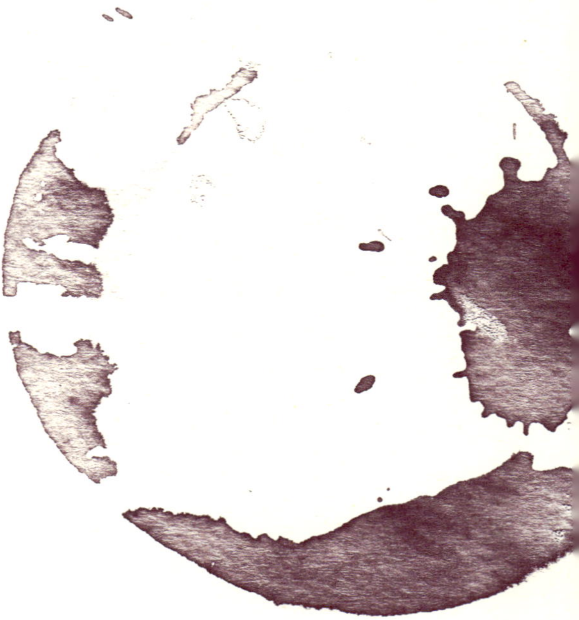

ARAUCÁRIA

Multiplicam-se os vinhedos.
entre restos de pinhais,
porque pinhais propriamente,
meu Deus, não existem mais
Mansueto Bernardi

Araucária. A árvore sagrada para o povo mapuche no Chile, chamados pelos espanhóis de araucanos, habitantes do Vale do Arauco. Também sagrada para os indígenas Kaingang e Xokleng em território brasileiro.

As matas de araucária cobriam aproximadamente 40% do território riograndense e hoje representam menos de 3%.

A araucária deu alimento e madeira para a construção das primeiras casas dos imigrantes italianos e também forneceu matéria-prima para os primeiros equipamentos vínicos para a confecção dos lagares, dornas, prensas e tinas. O primeiro vinho da Serra Gaúcha nasceu nos braços e no tronco de uma araucária.

Foi ela também que moldou a estrutura dos vinhedos e que ajudou a transportar o vinho pronto em comboios pelo Brasil afora. Esquecer da araucária é dar às costas ao passado vínico do nosso país.

Quando aqui chegaram, os italianos depararam-se com um mar de araucárias, uma floresta que parecia interminável. Árvores seculares. Todavia, tudo foi destruído em pouco tempo.

Na tanoaria, com os troncos da majestosa árvore se fazia pipas de milhares de litros, e também bordalesas para que os vinhos fossem acondicionados e depois transportados para o centro do país nos vagões dos trens.

Não foi o setor vinícola que quase acabou com nosso pinheiro sagrado. As madeireiras, que se proliferaram às centenas, levaram a araucária quase à extinção. Mas, sim, temos nossa parcela de culpa nesta história.

Percorri dezenas e dezenas de porões, onde ainda existiam praticamente vinícolas intactas com todos os artefatos vínicos em madeira, senão de araucária, de ipê, grápia, angico, cedro, louro, verdadeiras joias.

O reaproveitamento de todo esse arsenal vinícola teria sido o caminho para que a alma de muitas e muitas araucárias sobrevivessem nos porões, nas vinícolas familiares e artesanais.

É falso afirmar que a madeira seria a responsável pela contaminação dos vinhos. Aqui na Serra era comum fazer uma análise sensorial e descrever que o vinho tinha gosto de pipa velha.

Ora, o que faltava, muitas vezes, para estes produtores, eram noções de higiene, como apontam vários relatórios da época.

Na Borgonha, onde trabalhei, os fermentadores eram todos de madeiras e todos perfeitamente higienizados, podendo durar dezenas de anos sem que houvesse qualquer contaminação.

Mesmo sabendo que o pinheiro é resinoso, no início do século, aplicou-se a técnica de parafinar a madeira, tornando-a ainda mais resistente, lavável e sem passar ao vinho o gosto de resina.

Com a chegada de novos materiais, teoricamente mais práticos e menos trabalhosos, o uso da madeira foi se extinguindo na vinicultura, e com ela o lindo ofício de tanoeiro, a ponto de ainda restarem somente dois ou três profissionais em toda Serra Gaúcha.

O discurso do produtor industrial e o de parte dos produtores artesanais neste ponto convergem: ambos abandonaram a madeira, senão por completo, pelo menos parcialmente.

Esclarecendo aqui que a madeira a que me refiro não é barrica nova de carvalho francês ou americano, que ainda infestam as vinícolas do mundo inteiro de forma vil.

A indústria entende que o inox, com suas propriedades, é mais fácil de higienizar e possui troca térmica, o que não deixa de ser verdade. Outros produtores usam o polipropileno, fibra de vidro, ou outro material plástico, argumentando, da mesma maneira, que é mais fácil de limpar, de manusear e é mais barato, o que também é verdade.

Ambos dizem que, tanto o inox quanto o polipropileno são inertes, e que a madeira interfere no vinho. Com isso, eu concordo, mas não do jeito que eles pensam.

A madeira é história de uma árvore, mas o inox, o polipropileno, o concreto, contam que história?

Heródoto, considerado o pai da História, relata que em 2500 a.C. eram usados barris de madeira de palmeira para o transporte de vinho armênio para a Babilônia. Ao que tudo indica, foram os celtas os grandes inventores deste recipiente que utilizamos até hoje.

Os tonéis de madeira e as ânforas, sempre conviveram ao longo da história. Os barris estão em uso há pelo menos 4500 anos.

As ânforas há 2000 anos, para acondicionar o vinho, eram seladas com resina de pinheiro, e nós, desde início do século xx, parafinamos as barricas de pinheiro para não passar a resina ao vinho. Ironicamente, assim caminha a humanidade.

As barricas estão muito associadas ao carvalho, mas podemos confeccionar barricas com outras madeiras, e também misturar madeiras diferentes. É fabricada de madeira e ferro. Com o ferro fazemos os arcos para dar sustentação. De madeira fazemos as tampas e com as ripas encurvadas, chamadas de aduelas, fazemos o corpo. Existe outro nome para aduela? Sim, existe! Chama-se lioba, e um dos significados da palavra lioba é *amada*.

Não estou aqui sendo purista, também já usei outros materiais, e ainda uso para uma ou outra trasfega, mas posso afirmar: nada substitui a madeira, tanto organoléptica quanto energeticamente.

Gosto da ideia de sua identificação com a história do homem, a madeira da Arca de Noé, das naus que atravessavam oceanos, da estrebaria e da manjedoura de Jesus, a madeira da Cruz, dos andaimes que permitiram as pinturas na Capela Sistina, a mesa da casa dos meus avós, o telhado das igrejas, dos museus, a colher de pau com que minha mãe cozinha. A madeira do violino Stradivarius, dos violões, dos violoncelos, dos órgãos das catedrais. Segundo meu amigo músico, o querido e genial João Camarero, nada reverbera mais o som que um ambiente em madeira. Não imagino um concerto em uma sala de inox ou polipropileno.

A madeira te abraça, a madeira vibra, a madeira dilata, a madeira tem textura, a madeira tem poros, a madeira respira ainda que não viva, a madeira te acolhe.

A madeira chama as uvas para deitar em seu leito e ali fermentar, se transformar, se transfigurar.

As uvas vêm de uma raiz, de um caule, de um galho, tudo é madeira. É natural que seu processo continue se desenvolvendo nesta matéria lenhosa.

Sou apaixonado pela madeira, tanto que fiz meu trabalho de conclusão do curso de enologia sobre a relação entre ela e o vinho.

A moda dos recipientes nos impulsiona para novas aventuras. Mas por que você não faz vinho em ânfora? Por que você não faz vinho em talha? Por que você não faz em ovos de concreto? Em piletas de cimento? Até posso fazer, mas por que não na madeira?

É possível hoje reaproveitar as madeiras existentes por aí, para confecção de artefatos vínicos, especialmente na Serra Gaúcha.

A Era dos Ventos foi criada com 100% de reaproveitamento de madeiras, de todos os tipos.

A primeira compra que fizemos foram grandes recipientes de carvalho importado da França da década de 1930 que pertenciam a uma família que produzia e envelhecia *brandy*. A madeira pode ainda nos ajudar a fazer vinhos absolutamente únicos.

Na década de 1990, quando a moda dos vinhos californianos se espalhou pelo mundo inteiro, o excesso de aromas provenientes da madeira fazia com que parecessem verdadeiros xaropes de carvalho.

Em resposta aos exageros da utilização da madeira ao longo dos anos, na última década criou-se uma narrativa perversa sobre o seu uso nos vinhos. A valorização do que chamamos fruta pornográfica ou de aromas excessivamente frutados, praticamente tornou-se ditatorial.

Novamente, tanto alguns produtores industriais quanto alguns artesanais, prestaram um desserviço com este discurso infundado de que o vinho só é bom, se não tivesse madeira. Justificava-se a qualidade do vinho, pela não passagem pela madeira.

É preciso ir um pouco além dos discursos panfletários e realmente ter conhecimento sobre a importância da madeira para os vinhos (e não só para os vinhos).

Falando nela, começamos a reflorestar com plantas nativas, principalmente araucárias, uma área desmatada da propriedade. A terra vai perder valor, muitos me dizem, porque à medida que as árvores crescerem não se poderá fazer outro uso dela.

Qual é o real valor de uma terra? O valor não é só econômico. Nós vamos passar, mas a terra ficará.

E aqueles que não tem produção própria de uvas deveriam se preocupar ainda mais com esta responsabilidade. É fácil comprar uva de um produtor, até pagá-lo mais que o valor de mercado e delegar a ele a responsabilidade ambiental.

Não adianta comprarmos uvas orgânicas, e fingir que o vinho só começa a existir a partir da entrada da uva na vinícola. O vinho começa a existir na terra em que as suas uvas foram plantadas.

O fato é que aqui no Brasil, queiram ou não, a *vitis* é exótica e nem mesmo as espécies labruscas, ditas americanas, são originárias daqui. Por isso considero tão importante compensar o cultivo das videiras com o plantio de espécies nativas.

Elas devem coabitar. É só uma ideia de um poeta que ama tanto a vinha quanto a araucária.

A primavera pulsa nos acordes dos ventos, eles estão em perfeita harmonia com a luminosidade crescente do sol. Meu ofício é tocar a terra e conduzir as vinhas, até posso ouvi-las crescer. Elas sobreviveram às geadas, às tempestades do final do inverno, à seca do início desta estação.

Finalmente chegaram ao arame onde deitarão seus ramos, abrindo os seus braços para o céu, assim como a centenária araucária que as vela.

É tempo de fincar raízes, de romper as pedras, de se alimentar de luz. Já sinto em cada poro as distâncias do mundo, já sei que posso conjugar os verbos da lua e viver neste ciclo fecundo e epifânico, e assim estender meus sonhos até onde meus olhos alcançarem, na terna e eterna embriaguez da existência.

DEVASTAÇÃO DAS MATTAS

Relatório do intendente de Caxias do Sul, senhor Cel. Pena de Moraes ao Conselho Municipal em 15 de novembro de 1917:

"Aqui, como em toda parte neste paiz, o revestimento florestal do solo desapparece aos golpes da imprevidência e da rotina. As outr'ora opulentas e bizarras selvas de pinheiros que cobriam estas paragens – com o denso entrelaçar de suas comas verde-escuro, não mais se vêem, ao influxo de uma exportação cada vez mais avultada de taboas e de madeiras de outras espécies, em que se desdobra o tronco lenhoso da araucária. No decurso de um decennio apenas, a madeira necessária ao consumo local terá que ser importada! Entretanto, industrias prosperas de madeira de pinho existem entre nós, taes como officinas para o fabrico de quintos, pipas, barricas e caixas de todas as dimensões. Não seria preferível substituir a desordenada exportação que se está fazendo pela da madeira em obra, sem duvida mais lucrativa? O refrear aquella por meio de uma tributação conveniente é matéria que depende, portanto, da vossa orientação econômica. E não para ahi a fatal devastação alludida. A' derrubada dos pinheiraes segue-se a das mattas marginaes á linha férrea para o preparo de lenha. Em 1916 sahiram para o consumo das locomotivas ferro-viarias 45.457 metros cúbicos de lenha; em 1917, até 4 de Outubro, 11.307 metros cúbicos ou um total de 56.764 nos dois annos ! Como se vê, após o imposto de mil réis que votastes o anno passado por metro cubico, diminuiu a exportação da lenha. Tal imposto, porém, é indispensável que seja de um todo cohibitivo. E' fácil prever quaes sejam as consequências dessa devastação inconsiderada e imprevidente das poucas mattas que possuímos. Neste município as chuvas jamais faltaram. Entretanto, até Agosto do corrente anno foram tão diminutas, que, como é sabido, chegou a faltar agua na zona urbana. E não é somente esse o gravissimo inconveniente. Desse verdadeiro e deplorável vandalismo desmattador, também resulta que o systema hydrographico do Municipio vem a alterar-se sensivelmente, como se sabe. Cursos d'agua, em outros tempos abundantes e correntosos, estão hoje reduzidos a pequenos córregos ou quasi estancados, em virtude da destruição das mattas marginaes, que resguardavam as suas aguas da evaporação solar. Eis um assumpto que não pode e não deve deixar de preoccupar a detida attenção dos poderes publicos, mediante uma legislação efficaz e executada sem transigencias de quaesquer especies (...)".

ZÁG

O relatório de 1917 de Pena de Moraes é comovente, é quase um apelo. Suas palavras proferidas há mais de um século poderiam ser escritas hoje.

Em 2022 a *Araucaria angustifolia*. Infelizmente, figurou na lista de espécies ameaçadas de extinção. Mais uma tragédia para o planeta.

Por mais surreal que possa parecer, o que deveria ser de nossa responsabilidade, a iniciativa de reflorestar araucárias, está sendo feita pelos descendentes do povo xokleng de Santa Catarina, que por ironia quase também foi à extinção.

No Alto Vale do Itajaí, em Santa Catarina, a terra indígena Ibirama-Laklãnõ, conta com 37.018 hectares, mas somente 14.156,58 hectares demarcados. A população dos xokleng atualmente é de aproximadamente 2.200 pessoas.

O instituto Zág, araucária na língua xokleng, foi fundado por Carl e Gape Gkran, marido e mulher, há quatro anos. Eles calculam já terem plantado mais de 50 mil araucárias. No reflorestamento, toda a comunidade participa, fazendo mudas com pinhões em sacos biodegradáveis. As mudas produzirão pinhões daqui a aproximadamente 15 anos, e estima-se que a araucária viva em média 400 anos. Os dados acima são de uma matéria da AFP, Agence France-Presse de 28/03/2023.

A araucária deu a sua vida em prol do desenvolvimento econômico da Serra Gaúcha. A araucária foi martirizada para que os italianos aqui chegados sobrevivessem. Não estaria mais que na hora de retribuir esta generosidade?

Não falo só em preservação do que ainda está aí, mas iniciativas de plantio. Quem sabe começamos pelo setor vinícola? Quem sabe começamos a dar o exemplo para outros setores? Principalmente para as monoculturas de larga escala?

Temos iniciativas interessantes do setor de vinhos aqui na América do Sul, que nos dão esperança. Ariel Kogan, amigo e proprietário da importadora Família Kogan Wines, reverte parte do lucro obtido com a venda de alguns vinhos para a fundação Tikun. Esta organização sem fundos lucrativos está fazendo o reflorestamento com espécies nativas e consequente regeneração da biodiversidade no oeste da Argentina, especialmente nas províncias de Mendoza e San Juan.

Segundo Ariel, na Argentina o objetivo é plantar 2,5 mil hectares em cinco anos com espécies de algarrobos e outras árvores nativas, em áreas com forte degradação ecológica (salinidade, alcalinidade, baixa umidade, etc.) nas províncias de Mendoza e San Juan.

As araucárias estão aqui há pelo menos 200 milhões de anos, e conseguimos quase levá-las à extinção em pouco mais de um século. Urge empenharmo-nos para que esta espécie ainda fique no nosso planeta por muito tempo, contribuindo para um mínimo equilíbrio da nossa fauna e flora.

Foi o perturbador raio de sol
Que inesperadamente nos roubou o inverno
E ousou a liberdade da vide
O que se alimenta de luz, náufrago já não é mais
E o concerto insano das lâminas a transpassar as horas
Na mais pura contradição, abençoa a próxima primavera,
"Está logo aí o teu próximo vinho" sussurra a videira Lacrimosa
E em meio a inaudíveis ventos, desconcerta-me perguntando:
Tu me amas?
Tu me amas?
E Tu, me amas?

TU ME AMAS?

No vinho está o amor, segundo este que vos escreve. Logo o vinho é fruto do amor. O poema da página anterior, talvez não seja o mais belo, mas certamente é o mais importante deste livro.

Ele é um contrato tácito entre o viticultor e a vinha, um contrato de amor. E este contrato fará toda a diferença para o vinho.

A vinha pede ao vinhateiro mais que fidelidade, mais que compromisso, mais que verdade, a vinha deseja que ela e o vinhateiro sejam um só.

Ela deseja mais que ser cuidada, mais que ser admirada, mais que ser venerada, ela quer o sentimento mais nobre do vinhateiro: o amor.

Existe uma passagem bíblica muito bela sobre isso, quando Jesus, após sua ressurreição, encontra seus discípulos em uma manhã na beira do mar da Galileia.

Segundo o evangelho, Jesus estava na praia, e eles não O reconheceram. Ele pergunta se tinham algo para comer, já que redes estavam vazias, mesmo tendo pescado a noite inteira, então Jesus lhes fala: "lançai as redes do lado direito da barca, e encontrarão".

As redes saíram abarrotadas de peixes.

Jesus lhes disse: "Venham comer". Nenhum dos discípulos tinha coragem de lhe perguntar: "Quem és tu?" Porque sabiam que era o Senhor.

Jesus aproximou-se, tomou o pão e o deu a eles, fazendo o mesmo com o peixe.

Esta foi a terceira vez que Jesus apareceu aos seus discípulos, depois que ressuscitou dos mortos (João 21:12-14).

Durante a refeição que Ele mesmo preparou com pão e peixe, Cristo pergunta a Pedro:

> "Simão Pedro, filho de João, tu me amas mais do que estes?"
> Disse ele: "Sim, Senhor, tu sabes que te amo".
> Disse Jesus: "Cuide dos meus cordeiros".
> Novamente Jesus disse: "Simão, filho de João, tu me amas?"
> Ele respondeu: "Sim, Senhor, tu sabes que te amo".
> Disse Jesus: "Pastoreie as minhas ovelhas".
> Pela terceira vez, Ele lhe disse: "Simão, filho de João, tu me amas?"
> Pedro ficou magoado por Jesus lhe fazer pela terceira vez a pergunta e lhe disse: "Senhor, tu sabes todas as coisas e sabes que te amo".
> Disse-lhe Jesus: "Cuide das minhas ovelhas".

Este texto de João foi originalmente escrito em grego e, na língua original, as indagações de Jesus não são sempre a mesma pergunta.

Alguns autores dizem que existem quatro palavras que significam AMOR em grego: Ágape, que é o amor incondicional, aquele pelo qual você dá a própria vida; *Fileo*, que é o amor que trata da amizade; *Stergo*, que é o amor familiar e *Eros,* o amor carnal.

Cristo, nas duas primeiras vezes, pergunta "ágapâs me", e Pedro responde "filô-se". Ele pergunta a Pedro se o ama a ponto de dar a própria vida, se o ama mais do que tudo. E Pedro responde que o ama como um amigo. Na terceira vez, Jesus pergunta: "fileîs me"? Então me amas apenas como amigo? A resposta de Pedro continua a mesma: "filô-se", sim apenas como amigo.

Pedro ainda não tinha coragem de assinar este contrato, de abraçar a causa de Jesus. Mas Cristo queria um amor que transcendesse a amizade, um amor sublime.

O questionamento que a videira faz ao vinhateiro é esse.

Que amor tens por mim?

Queres apenas a minha amizade, meu fruto?

Ou queres um contrato de poesia e eternidade assinado sob a luz da lua cheia?

Tu me amas?

Busca a felicidade agora, não sabes de amanhã.
Apanha um grande copo cheio de vinho,
senta-te ao luar, e pensa:
Talvez amanhã a lua me procure em vão
Omar Khayyam

VINHO: A SÍNTESE DA LUZ

Vinho é poesia, é amor, é expressão humana. Para ser um vinhateiro é preciso sensibilidade, é preciso humanidade.

De nada adianta mestrados e doutorados, se perdermos nossa identidade.

É preciso contato físico com os vinhedos, com a uva, literalmente colocar as mãos no vinho.

Devemos, sobretudo, diferenciar técnica de tecnologia. A primeira é o entendimento do processo como meio de transformação da natureza, já a tecnologia pode ser comprada e aplicada. O meu medo sempre foi, e é, que o excesso de tecnologia padronize os vinhos do mundo inteiro. Para mim, o vinho continua sendo, como entendia Galileu Galilei, humor líquido e luz.

Galileu era também um vinhateiro, um especialista em viticultura, que procurava decifrar o enigma das uvas que recebiam, absorviam e convertiam a luz em energia. Ele tinha seu próprio vinhedo e fazia seu próprio vinho.

É possível imaginar a beleza, neste período renascentista, de um homem observando a luz banhando seu vinhedo e tocando as videiras.

Já vi meu vinhedo banhado pelo sol e pela lua. Acredito que todo mundo já fez o exercício de pensar quanta vida existiu debaixo do sol e da lua cheia durante a aventura humana na Terra.

A vinha, fincando raízes, sorvendo a terra. A seiva, percorrendo as veias da vide, os braços abertos, de flores e folhas, recebendo o céu.

A luz. O início da vida.

E Deus disse “faça-se a luz”, e sussurrou: “pois ela alimentará a vinha e seu fruto se transformará em meu sangue”.

Não quero a foto, quero o fóton
Na natureza rítmica, ritualística, dualística
Ser onda e partícula
Nas pétalas molhadas, nas sépalas pintadas
Na tua tez queimada
Em tua boca marcada
sem adorno em teu corpo, quero abrigo em alma plena, sedenta
quero ser livre no espaço do teu abraço.

O SANTO GRAAL BRASILEIRO

Francisco nasceu no interior e foi batizado com o nome do santo da paz.

Ao contrário de São Francisco, porém, não precisou ficar descalço, não precisou devolver suas vestes que o pai lhe dera, pois sequer tinha um pai. Seu progenitor o abandonara ainda criança, com mais duas irmãs.

Morava na pequena vila, trabalhou duro desde pequeno, mas era feliz, como toda criança sabe ser. Não havia chamados lá onde vivia, tudo era imutável. A vida era estática, emoldurada naquele quadro inacabado que alguém esquecera de terminar. Mesmo que o mais exímio pintor tivesse a audácia de mudá-lo, de nada adiantaria, a vida era assim para ele, daquele jeito que sentia.

Francisco sentia-se aprisionado onde as horas passavam lentas, e onde as verdades inquestionáveis eram pronunciadas na praça da cidade pelos velhos que sobreviveram ao destino.

Para ele, só existe a praça circundada por casas antigas e a Igreja matriz.

Aos dezoito, fez a tão sonhada habilitação, seu passaporte para a fuga. Com a carta de motorista na mão poderia ser motoboy na cidade grande, sair dali e construir sua vida.

E foi exatamente assim. Deixou para trás seu quadro, acrescentando a ele mais um pinguinho de tinta, deixando um filho nos braços de uma jovem adolescente que ele pouco conhecera, a carne de sua carne.

Francisco abandona sua breve história, leva consigo a esperança e a mais triste e dolorosa bagagem: a saudade! Único homem da família, agora o pai-menino não pode se arrepender, não pode pensar em voltar.

Ter uma vida melhor para ajudar a família. Isso não sai do seu pensamento, a mãe, as irmãs e o filho que deixou. Francisco não leva as chagas nas mãos como seu onomástico, mas leva a dureza dos dias e seu destino: entregador de encomendas na capital.

Chico traz nos olhos a esperança de viver dignamente para poder, talvez, algum dia voltar. Foi porteiro de prédio, vigilante do tédio. Risco: a palavra que mais descreve nosso São Francisco moderno.

A vida é dura, carcinógena, tira-lhe a paz e o joga ao inferno, sem escalas no purgatório.

Mas a minha amiga Cláudia Palma tem razão. Uma espécie de acontecer espontâneo surge: quando as folhas caem das árvores, elas seguem o vento, e se caírem na água, seguirão a correnteza. Seguimos o vento ou a correnteza? Quem define estas escolhas? Quem aponta estes caminhos?

Sim, a grande roda da vida, o deixar-se levar, encontrar um amigo, abrir o coração, apaixonar-se, beber um vinho, deixar-se embalar pelos ventos das mudanças, em uma era onde tudo pode mudar, e sempre haverá a opção de não seguir a correnteza.

Francisco escolhe voar, descobre um curso de garçom, vai para as aulas, aprende sobre o serviço de restaurante, um pouco de gastronomia, alguma coisa sobre vinho.

Algo o chama para isto, minimiza os riscos ou os maximiza de vez?

Conheceu muita gente, estudou. Então abriu-se o céu, uma vaga para o paraíso em um dos melhores restaurantes do mundo.

Na primeira semana já encarou servir a mesa. Ele não sabia a dimensão do seu trabalho, não tinha noção do salto que dera depois de dois anos de guerra.

Francisco bruscamente mudou de mundo. Descortinou-se outro tablado, onde desfilavam pessoas famosas, atores, atrizes, políticos, empresários, cineastas, banqueiros, servidos pelas mãos de Francisco — malabarista dos pratos, engenheiro dos movimentos, delicadeza flutuante, sorriso sincero, jeito de menino.

São Francisco talvez não tenha tido a oportunidade de beber todos os vinhos da Úmbria daquela época, pois, certamente seu estágio espiritual e seu êxtase já tinham suplantado os prazeres etéreos. Em pouco tempo passavam pelas mãos do nosso Francisco os vinhos mais belos, servindo na temperatura correta, com os melhores pratos brasileiros. Eram inúmeros Châteaux, Domaines, Crus, Champagnes e Petrus.

Um dia, no entanto, percebeu a que ponto a vida podia ser contraditória. Serviu um Château Mouton Rothschild 82, e ouviu da pessoa que o trouxera, que ainda guardava algumas caixas deste vinho em casa, pois era da safra do ano em que seu filho havia nascido.

Francisco esbarrou no seu colega da cozinha:

— Cara, sabe quanto custa este vinhozinho que tu tens na mão? Melhor não saber para não te assustar.

No dia seguinte, pesquisou o preço do vinho e fez um cálculo: poucas dezenas dessas garrafas correspondiam, provavelmente, à renda mensal da população de seu vilarejo.

Foi apenas mais uma prova do abismo entre sua realidade e a de outros poucos.

Com o passar dos dias, tudo se abrandou, a alma se aquietou, e já não se surpreendia quando passavam por suas mãos milhares de dólares em 750 ml de vinho, que seus lábios por vezes tocavam, quando algum cliente gentilmente o fazia provar.

Francisco havia encontrado um caminho, mesmo que temporário, para construir sua vida.

Parecia que o Santo Graal estava tão próximo, nítida era a sensação de já tê-lo tocado. Porém, às vezes a alma duvidava. Talvez o seu Santo Graal estivesse bem longe dali próximo à praça da igreja Matriz, circundada por casas estampadas com pinturas líricas inacabadas.

O dia seguinte
É o dia de levantar
É dia de se refazer dos destroços
É levitar em plena dor
É sorrir com o coração dilacerado
O dia seguinte é tinto
O dia seguinte é folha seca
O dia seguinte é o amanhã que se dissolverá nesta extensa planície do tempo
(Momentaneamente inacabado).

ENODISNEY

A última uva colhida no ano de 2023 foi a Peverella. Foi uma safra longa, de muitos desafios técnicos, físicos e climáticos. Tudo se desenvolveu bem, diante do caos.

Quem trabalha com vitivinicultura sabe que o planejamento é limitado, e que a capacidade de adaptação e de improviso é crucial. Mais uma vindima termina, um trabalho extenuante.

Estava pensando sobre este esforço sobre-humano que é fazer uma colheita, e definitivamente temos que parar de romantizá-la. Temos que parar de fazer da vindima uma Enodisney nas redes sociais. Isso cria um imaginário infinitamente distante da realidade.

A colheita durante o sol escaldante, insetos voadores não identificados, protetor solar correndo pelos olhos, mãos e punhos machucados no final de um dia, por vezes com o corpo molhado por causa da chuva, não aparecem nas redes sociais.

O falso *glamour* de colher uva em condições de *reality show* não colabora em nada para que os consumidores entendam o que é uma vindima e do que o vinho é feito. A safra da uva não é uma novela. É um ofício sério e árduo, que não permite erros, é um trabalho físico no vinhedo e de introspecção na vinícola.

Escrevi recentemente um texto dizendo que existe um "subsolo" não *instagramável* no mundo do vinho. As tarefas árduas durante a safra contrastam com os *posts* romantizados nestes tempos. Não tenho nada contra quem gasta seus reais em um simulador de vindima, deve até ser divertido. Todos sabem, ou deveriam saber, que essa não é a realidade. A verdade não está neste universo *agro gourmet*.

A verdade está no suor do viticultor. A verdade está no semblante sofrido do colono, não no rosto maquiado, nem no cabelo arrumado, nem nas unhas feitas para foto com filtro no Instagram.

Diante de tudo isto, silencio.

Em contraposição ao corpo extenuado, a alma está leve. Silencio com a vinha.

A *via vitis* agora é silêncio. Resta apenas o fado de um pequeno pássaro. E doce será revelar o vinho nesta poética luz quase outonal. Pois, afinal de que é feito o vinho senão desta vínica epifania?

O cântico da nova estação
Tatua em teu corpo o vinho novo
E tuas heresias vínicas cingem a flor de lótus no meu beijo
Assim, num espaço de ternura e desejo
Meu tempo quer ouvir teus olhos vindimando alegrias
Sussurrando silêncios
Poetizando mares
Perfumando com flores e incenso
O hemisfério dionisíaco da primavera.

A NONNA É *POP*?

Pessoas felizes pisando uvas nas mastelas. Ao lado do nonno que toca acordeom, a nonna faz grostoli. Todos cantam Mérica, Mérica com uma taça de vinho na mão. A cena faz parte do imaginário brasileiro quando se pensa em Serra Gaúcha e se distancia cada dia mais da realidade.

Nas últimas décadas, o êxodo dos filhos e netos dos descendentes de italianos para outras atividades e a chegada de pessoas de outras regiões para trabalhar na vinha já são notórios.

Ao longo dos anos, as famílias começaram a ter menos filhos, mão de obra indispensável na agricultura familiar. E, ao mesmo tempo, as mulheres vislumbraram outras formas de existir longe das que viveram suas mães e avós.

As mulheres, desde os tempos da imigração, sempre trabalharam infinitamente mais que os homens. Trabalhavam no cuidado dos vinhedos e de outras plantações, tratavam os animais, acumulavam a tarefa de cuidar da casa, cozinhar, lavar e de criar os filhos. Às vezes, assumiam também o cuidado com os idosos da própria família e da do marido.

Nos finais de semana ajudavam a fazer comida para as festas das igrejas, enquanto os maridos tinham a árdua tarefa de administrar o bar. As mulheres foram o pilar de sustentação das vinhas na Serra Gaúcha.

Obviamente as novas gerações, mesmo que lentamente, estão mudando esta realidade. A maioria das meninas não tolera mais a ideia de viver entre o pesado trabalho na agricultura, as tarefas domésticas e as atividades religiosas.

O símbolo da nonna venerada como uma santa, não inspira mais as novas gerações de meninas. A vida dessas mulheres aqui na Serra, que pariam 10, 12, 17 filhos, trabalhavam como condenadas, dedicavam sua existência a criar, a educar, alimentar não faz mais sentido. As nonnas eram *pop*, mas foram martirizadas, não existiam para si mesmas.

Vários relatos dão conta de que depois de cada parto, só podiam entrar na igreja se o padre as buscasse na porta com o bebê no colo, pois estariam em pecado original.

Ou seja, até o sexo, a coisa mais sagrada entre duas pessoas, era pecado, mas só para as mulheres. Além disso, podiam beber vinho apenas em casa, o direito ao bar era somente do homem.

Poucas mulheres aceitam viver próximo a esta realidade. Hoje vemos cidades da Serra com uma quantidade imensa de homens solteiros trabalhando na vinha.

O êxodo de jovens e mulheres para outros lugares e outras atividades abre oportunidades para pessoas de várias partes do país e do mundo trabalharem nos vinhedos.

A análise deste desenho é fundamental para compreendermos a nova realidade do ofício do cuidado com a vinha para a continuidade da vitivinicultura, trazendo o desafio de assegurar, a estes novos trabalhadores, condições adequadas de trabalho e justa remuneração.

Como responder pela trindade se somos um?
Como responder pela felicidade do outro?
Na angústia ou na solidão permanente?

Desejo a escápula protegida do medo
O braço rijo desafiando os dias
Desejo livre agora o que foi presa
Desejo vida agora ao que foi morte

Desejo, cálices cheios onde antes era miséria
E meus sonhos, que mudem com os ventos
Rapidamente, antes que o véu da noite caia

Nem viuvez do tempo
Nem dor perene
Apenas vinhos antigos permeando minhas noites infindas

Um gosto efêmero, de luz e silêncio!

DANIÈLE

Apenas com a roupa do corpo. Bagagens extraviadas, depois de longas escalas em Buenos Aires e Madri. Esta seria nossa chegada triunfal a Paris, minha e de meu amigo Álvaro, em agosto de 2007.

Tudo estava conspirando para iniciar de forma nada romântica o nosso sonhado estágio na Borgonha, mas uma pessoa que nunca tínhamos visto na vida mudaria o curso desta história: Danièle Gerault.

Danièle, conhecida como a dama do vinho em Paris, é uma mulher vanguardista que percorreu a França por décadas buscando produtores que representassem o que de mais autêntico existia em suas regiões vinícolas. Abriu mercado para os primeiros produtores biodinâmicos, orgânicos e artesanais em Paris, e por este trabalho, é muito respeitada pelo que fez e faz pela cultura do vinho na França.

Jonathan Nossiter havia feito a ponte entre nós. Ela nos recebeu em Paris antes de começarmos a colheita na Borgonha.

Danièle nos aguardava na estação de metrô Denfert Rochereau e nos levou para jantar na casa do seu companheiro Maurice Rosy, do qual falarei no próximo capítulo.

Com elegância e leveza, repentinamente, nos tirou todo o peso das 25 horas de viagem e da dura descoberta que o que pesa mais que uma mala, é a falta dela.

Em poucos minutos tudo se transformou, Maurice e Danièle haviam preparado um jantar à meia-luz, regado a vinhos de produtores e safras que Danièle amava, embalados por uma música suave e uma paciência infinita do casal para falar francês com dois iniciantes na língua.

Maurice era de uma candura inexplicável, seu olhar puro era algo perturbador.

Estávamos exaustos, mas a conversa com eles nos revigorava. Acabamos o jantar, e Danièle nos levou até o apartamento onde ficaríamos pelos próximos dias. Mostrou os cômodos, e onde estava tudo o que necessitávamos. Também fomos apresentados a Lilith e Napoleon. Os dois gatos dividiriam suas vidas com dois brasileiros por um tempo.

Em quatro dias bebemos muitos vinhos de uma das mais belas adegas parisienses. Pela primeira vez tínhamos acesso a vinhos biodinâmicos e naturais, uma oportunidade única para dois estudantes de enologia. Jamais conseguirei traduzir sua elegância e bondade.

Pelas manhãs, café, queijos frescos, pães crocantes. Na mesa da sala, mapas de Paris e bilhetes de metrô para andarmos pela cidade, além de um aparelho celular e capas de chuva.

Finalmente com as bagagens em mãos, depois de um esforço sobrenatural de Danièle para recuperá-las, pude apresentar um dos vinhos, que tínhamos elaborado artesanalmente nos Caminhos de Pedra, ao provar o Teroldego, Danièle me indagou:

— Isto é carne?

Essa era ela. Nada nos impressionava mais em Paris do que a própria Danièle Gerault.

Numa das noites fomos jantar no Café d'Angel, próximo

ao Arco do Triunfo, com alguns vinhos debaixo do braço. Naquela noite conversamos muito com Maurice, que nos contou toda a trajetória de sua vida. Depois passeamos pelas ruas de Paris iluminada, dentro do fusca amarelo de Danièle. Uma cena digna de um filme. Conhecemos a cidade luz sob a ótica de uma francesa raiz. Não era minha primeira vez em Paris, mas nunca tinha visto Paris desta forma. E jamais tornaria a vê-la.

No dia seguinte, tivemos um encontro com Bruno Quenioux, filho de um pequeno produtor do Loire, que trabalhava como comprador da loja de vinhos das Galerias Lafayette, a Lafayette Gourmet. Ficamos uma hora falando com Bruno, defensor da vinificação artesanal. Ele nos explicava sobre sais, sobre Cristo e cristais, sobre substância, sobre química e alquimia, sobre luz e física quântica, sobre vida e sobre vinhos. Tudo regado a belos Pinot Noirs da Borgonha.

Depois do encontro com Bruno, fomos jantar com Danièle, e naquela noite explicamos a ela a problemática do setor de vinhos no Brasil. Ela não se espantou dizendo que já lera alguns dos meus manifestos contra desmandos do setor, que já circulavam por Paris. Felizmente o vinho nos levou para caminhos mais alegres, e terminamos a noite bebendo e gargalhando.

Na manhã seguinte, rumamos para Gare du Nord, para apanhar o trem em direção à nossa missão na Borgonha.

Voltaríamos a Paris após o estágio e passaríamos mais uns dias com Danièle antes de retornarmos ao Brasil. Ela e Maurice foram, sem dúvida, a melhor parte de nossa viagem.

Graças a Danièle, conheci grandes vinhos. Ela é uma das grandes referências da França no mundo do vinho, sempre buscando produtores que lhe agradassem, construiu marcas importantes.

Esta mulher tem a força de uma vinha nobre. Danièle parou de trabalhar com sua empresa *Les Années Vin* em 2023.

MAURICE

Maurice Rosy nasceu em 17 de novembro de 1927 em Fontaine-l'Évêque na Bélgica, era filho único. Seu pai era dono de uma fábrica de pregos que foi à falência.

Após o acontecimento, a família mudou-se para Lodelinsart, pequena localidade nos subúrbios de Charleroi, cerca de 60 quilômetros ao sul de Bruxelas.

Para fazer amigos em sua nova escola, Maurice Rosy contava, durante o recreio, as aventuras de um vaqueiro mágico para seus colegas, gerando sempre um suspense quando terminava o intervalo. Seus colegas então precisavam esperar até o próximo recreio para descobrir o resto da história.

Desde muito jovem, desenhava nos livros de contabilidade do pai, reproduzindo cenas da mercearia em frente à sua casa. Rosy tinha um traço único, tanto que chamou a atenção de uma de suas professoras que o incentivou a estudar desenho. Seu pai não concordava com a ideia. Maurice então desenhava escondido, mas após uma discussão com ele, queimou seus desenhos.

Felizmente ele não desistiu, anos mais tarde chegou a Paris com uma prancheta debaixo do braço e a alma cheia de sonhos e, com imenso talento, despontou como um ícone do desenho.

De 1956 a 1971, foi diretor artístico da revista "Spirou".

Escreveu argumentos para séries como Jerry Spring, Tif e Tondu, Bobo, Boule e Bill, Max o explorador e Átila em revistas como Cavaleiro Andante e Tintin.

A partir de 1974, dedicou-se à ilustração de livros infantis e de publicações periódicas e também à publicidade. Esse gênio do cartoon, me deu um dos maiores presentes que poderia receber.

Em um dos jantares, depois de ver a vasta obra de Maurice, e ter me identificado absurdamente com ele, começamos a falar de literatura, música e filosofia. Tínhamos imenso apreço pelos compositores do barroco italiano, como Vivaldi, Corelli, Albinoni. Falamos sobre as questões humanas e ele, entre uma taça e outra de vinho, me falou sobre Diógenes, o Cínico, que caminhava pelas ruas de Atenas, com uma lamparina acesa em plena luz do dia. Ao ser questionado por que fazia isso, ele respondia: “Estou à procura de um homem, um homem de verdade”.

— Caro Luís, estamos a cada dia procurando mais por homens de verdade.

Falava de uma forma tão doce, que era impossível não amá-lo. Estávamos totalmente embriagados de poesia, de amizade, de amor, de vinho. Era pura sabedoria, humildade, simplicidade, genialidade, era dono de um olhar sereno, privilégio dos grandes de espírito.

Fomos noite adentro conversando e bebendo, até que, quase por brincadeira, perguntei se ele não aceitaria fazer um desenho para um vinhateiro brasileiro usar em um rótulo: no caso eu.

Por um instante, pensei que tivesse avançado o sinal com Rosy, mas ele me olhou com um jeito meigo, doce, apanhou uma taça de vinho e pediu para fazer um brinde, brindamos, bebemos e depois de breves segundos rimos, rimos muito.

Ele não me respondeu, só depois de comentarmos sobre o vinho, disse-me em tom de brincadeira "se quiseres este desenho, terá que vir buscá-lo aqui em Paris", e novamente caímos em gargalhadas.

O jantar prosseguiu, os vinhos seguiram. E assim foram os momentos com este ser iluminado.

Depois de algum tempo, retornei à França e reencontrei Danièle e Maurice.

Outra vez a gentil Danièle nos convidou para jantar em sua casa, e me mostrou os novos vinhos com os quais estava trabalhando. Durante as conversas do jantar, Maurice calmamente puxou uma prancheta, e nela um desenho, um desenho de um casal feliz, dançando e brindando. Um traço único, maravilhoso. Ele me pergunta se gostei. Respondo que achei lindo demais. Ele me fala: é teu! Naquele momento, a embriaguez do mundo permeou todos os meus sentidos, não consegui disfarçar nem por um milésimo de segundo minha emoção.

Ainda sem o desenho nas mãos, levantei-me da mesa e dei um abraço infinito em Maurice. Só então, como quem pega um filho recém-nascido no colo, peguei aquela obra de arte nas mãos. Este foi um daqueles dias em que o tempo para, e parou mesmo. Não sei quanto tempo fiquei admirando aquela obra com um leve sorriso.

A emoção tomou conta da mesa, talvez ele não esperasse uma reação tão acalorada. Danièle, que já tinha visto a obra, se emocionou com minha reação, praticamente todos com lágrimas nos olhos. Jamais imaginei que receberia algo de valor único e inestimável. Talvez esse desenho tenha sido sua única obra utilizada em um rótulo de vinho. Depois de me recompor, ou pelo menos tentar, perguntei a ele:

— Qual é o valor? Quanto lhe devo?

Fiquei imaginando o quanto valeria uma obra, Rosy já era um artista consagrado, e a resposta foi bela e inesperada. Essa resposta, me ajudou em tudo no mundo do vinho e norteia minha vida até hoje:

— Caro Luís, fica pela causa! Não custa nada, fica pela causa!

— Mas qual causa, Maurice? - perguntei.

— Este desenho é para ti, a causa é tudo o que conversamos essa noite aqui, eu, você, Danièle, Talise. A causa é você voltar para o Brasil e não perder os teus ideais do vinho. A causa é você lutar por tudo que acredita, a causa é tua poesia, a causa é este teu vinho tão revolucionário. Essa é a causa! Fica então pela causa, eu aqui desenhando na França, vocês fazendo vinhos no Brasil, Danièle descobrindo produtores de vinho. Cada um no seu trabalho pela causa de um mundo melhor. E sempre que olhares este desenho possa lembrar de nós teus amigos, desta noite, e de Paris.

Todavia, outras causas estavam intrínsecas na fala de Rosy. Durante este tempo, percebi que a causa era a própria história de vida dele, que por algum motivo confiara esta curta frase a mim.

Talvez a causa da alegria quando devemos rir, a causa da justiça quando se deve ser justo, a causa do amor quando se deve amar, a causa do silêncio quando se deve silenciar, a causa do grito quando não se deve silenciar, a causa da vida, este milagre que nos toca a cada manhã.

Meus olhos encharcaram de vez, minha voz embargou, balbuciei algumas palavras de agradecimento, mas sinceramente não sei em que idioma tentei agradecer, se foi em francês, português, italiano, inglês, espanhol ou alguma outra língua que desconheço. Essa foi uma das noites mais lindas da minha vida. Maurice em seguida sorriu, Danièle propôs outro brinde, e assim seguimos a noite, como velhos e eternos amigos.

Maurice morreu em fevereiro de 2013, no inverno parisiense, e deixou para mim mais que uma obra de arte, deixou em mim a chama da causa, o legado do amor.

Sempre quando vejo esse desenho que está emoldurado em um quadro na sala da minha casa meu coração se enche de alegria por saber que tive a oportunidade de conviver com este genial artista e ter sido seu contemporâneo.

Maurice, levou uma vida feliz, e foi um dos cartunistas mais geniais que este planeta já teve.

Merci, Maurice Rosy, pela causa! À bientôt.

O vinho corrompe a ampulheta histérica da vida,
em sua magnífica e perturbadora dualidade:
é sacro e herético,
sereno e devastador,
sangue e alimento,
letárgico e dançante,
começo e fim.
Bebamos, então, uma taça cheia de vinho, sentados ao clarão
do luar, pois, como diria Khayyam:
"Talvez amanhã a lua me procure em vão"!

SAFRAS

Não sei que força nos move durante a vindima.

Como medir o grau de exaustão a que chegamos?

Qual o limite a ser superado?

Talvez só sigamos porque não pensamos enquanto vivemos esta catarse dionisíaca.

A colheita manual, a corrida para os vinhedos; são as uvas que chegam, são as uvas que não chegam!

As desengaçadeiras que entopem, a pilha de caixas que desaba, a entorse do pé em um buraco escondido na parreira, os cortes nas mãos, os ataques de marimbondos, a carreta do trator que não dá conta.

As noites infindáveis de remontagens, trabalhando com dez, quinze ou mais variedades, cada uma de uma forma. Dormindo poucas horas, comendo quando é possível ou quando lembramos. O que fazer com nossa coluna vertebral? Ou com o que sobra dela?

O que nos move?

De onde vem essa força que luta contra o que embaça nossos olhos?

Quem são estas pessoas que doam suas vidas durante estes meses?

Tenho a imensa sorte de poder contar com pessoas apaixonadas pelo trabalho visceral. Poucos e fiéis amigos que compartilham dos mesmos sonhos e ideais.

Com certeza o trabalho, o suor e o cansaço de quem escolheu o fazer industrial é menos doloroso fisicamente e menos exaustivo mentalmente: fórmulas, ajustes nos maquinários, trabalhadores em número suficiente.

Então, preciso deste tempo para mim. Para a vinha. Para o vinho.

Viste meu e-mail? Não.

Recebeste meu telefonema? Não.

Leste minha mensagem? Não.

Pode me receber? Não.

É um tempo de imersão.

Quem mandou fazer estágio na Borgonha e trabalhar com o Sr. Hubert De Montille?

A BORGONHA

Volnay, uma pequena vila incrustada no coração da Borgonha, foi nosso próximo destino depois da passagem por Paris. Ali nos acostumamos com os corvos e o sino da igreja. Ouvia-se somente esses dois sons durante todo o dia. Nas primeiras noites, dormimos em uma estalagem no pequeno vilarejo.

Na semana seguinte, estávamos instalados em um alojamento sobre a vinícola Deux Montille em Mersault, para cinco pessoas: eu e Álvaro, o italiano Alessio, a israelense Ellior, e a australiana, Jane. Essa era a equipe estrangeira de enólogos que trabalharia na safra 2007.

Como chegamos uma semana antes do início da colheita, não faltaram trabalhos de preparação para a safra. O tempo estava frio e chuvoso. Estavam ainda estruturando a vinícola, e naquele ano iriam receber uma safra recorde, entre vinhedos próprios e uvas compradas, vinificaríamos aproximadamente 40 hectares de uva, o que para a Borgonha não é pouco.

Lavei centenas de barricas usadas, as esterilizei com enxofre e trabalhei na higienização dos *fudres*. Na primeira semana deixamos tudo pronto para receber as uvas. Só choveu no primeiro dia de colheita, e o restante da vindima aconteceu em dias ensolarados.

Era uma intensidade de trabalho absurda. Passávamos o dia recebendo uvas dos *terroirs* mais emblemáticos da Borgonha. Já no início fui "promovido" a coordenador da *table de tri,* eu era o responsável pela equipe que recebia as uvas. Tudo era meticulosamente selecionado, separávamos as uvas verdes e podres daquelas que seriam fermentadas. Durante semanas fizemos esta seleção e, concomitante ao recebimento, trabalhávamos na elaboração dos vinhos, desde a fermentação até a prensagem.

O nosso café da manhã era baguete fresca, queijo brie, e vinho; no intervalo, eram algumas frutas e vinho; no almoço, conseguíamos às vezes ir até o centro da vila comer alguma coisa e beber vinho. À noite, no jantar, vinho com algum acompanhamento.

Trabalhei nas fermentações de alguns vinhos, entre eles o mítico Clos de Vougeot; fiz as remontagens, *pigeages*, e tudo o que foi necessário para a sua elaboração. Não tinha a dimensão do que estava fazendo. Clos de Vougeot é um dos mais icônicos vinhedos do mundo, a propriedade ainda é murada, e foi criada pelos monges cistercienses por volta do ano 1098. Quem me acompanhava na vinificação era o enólogo Cyril Raveau. Que além de ser talentoso vinhateiro, era um grande instrumentista, que nas horas vagas tocava seu acordeon.

Também as visitas às propriedades de Dominique Lafon, Jean Marc Roulot, Christophe Roumier, e a Romanée Conti, foram de extrema importância não só para conhecer a Borgonha, mas para minha formação e a consolidação daquilo que pensava como vinho. Não acredito em cópias de modelos, mas sim em inspiração, em adaptação de técnicas, em aprendizado. Tudo isso ajuda para a construção de um projeto vínico.

Gostava muito de conversar com Hubert de Montille, o grande da Borgonha, que nos finais de tarde passeava pela vinícola, e sempre nos saudava:

— Meus amigos brasileiros!

Perguntava o que estava fermentando em cada *cuve*. Hubert já não fazia mais vinho em Volnay, mas nos apresentava seus vinhos antigos para bebermos em Mersault ou quando íamos até sua casa.

Também conheci bem o Hospital de Beaune: uma vez por suspeita de uma fratura no pé, depois de ter caído de uma escada utilizada para subir nas cubas e fazer *pigeage*. A segunda, com nosso companheiro de quarto, o italiano Alessio, por estar com uma febre altíssima e dor de garganta. Eram duas da manhã, peguei a Kangoo da empresa e levei-o até o hospital sob o céu estrelado da Borgonha. Ainda bem que meu francês no final da safra já estava apto para encarar o hospital.

A experiência de vinificar uma safra em uma região considerada uma das mais icônicas do planeta é mágica. Trabalhar com madeira, maceração aberta, fazer remontagens e pisar as uvas nas *pigeages* é algo que impregna a alma de amor vínico.

Creio que viver o clima da Borgonha é indispensável para um vinhateiro. Fizemos lá grandes amigos. A brasileira Carolina Licati foi uma delas. Na Parigot Richard, com seu marido Greg, faz um dos melhores *Crémant* do mundo. Em 2017, receberam meu amigo, o enólogo Fernando Andreazza, para um estágio em sua propriedade, participando da vindima e trabalhando na vinificação.

Ao final do seu trabalho, nos encontramos em Savigny-lès-Beaune, na casa de Carol. Ela e Greg nos ofereceram um jantar que gentilmente prepararam, harmonizado com um Clos de Vougeot 1995 Grand Cru, Raphet, um Porto Vintage 1994 Sandeman, e com um Peverella Era dos Ventos da safra 2013. Era a primeira vez que eu harmonizava escargot na Borgonha com um Peverella. Um privilégio!

Também em 2017, fui visitar o enólogo com quem trabalhei na Deux Montille dez anos antes. Cyril Raveau que agora faz um trabalho lindo na Domaine de Flavigny-Alésia também na Borgonha. Minha relação com esta região é visceral, e sempre que puder, retornarei.

TABLE DE TRI

Podemos traduzir o termo como mesa de triagem. Alguém vira as caixas com uvas na ponta da mesa, e uma esteira leva as frutas para as pessoas fazerem a seleção dos cachos, eliminando com uma tesoura as eventuais bagas não adequadas à vinificação.

Durante os muitos dias em que trabalhei na *table de tri* na Borgonha, uma das cenas que mais me impressionou aconteceu durante o descarregamento das caixas para abastecimento da esteira. Uma menina que nos ajudava prensou sua mão entre as caixas de uva. Rapidamente enrolou um pano na mão machucada e continuou a trabalhar. Quando terminamos a vinificação, fui falar com ela. Ela me mostrou os ferimentos, vários cortes nos dedos e uma unha machucada. Perguntei por que ela não quis atendimento. Resposta: "precisávamos terminar. Se eu fosse para o hospital, seríamos dois a menos aqui e os outros ficariam sobrecarregados. Lá iriam fazer pontos nos dedos e depois talvez, pelo resto da vindima, só pudesse trabalhar no escritório". Fazendo cara de verdadeiro pavor.

Recentemente falei com um amigo sobre a dificuldade de encontrar pessoas que queiram trabalhar nos vinhedos e na vinificação. Disse-me ele: "a nova geração prefere trabalhar no laboratório, no varejo, no comercial, onde não se suja, distante dos insetos, perto do ar-condicionado e com o celular na mão". Uma nova função:

vinhateiros de smartphone.

Muitos não lembram que o vinho é fruto de um serviço muito pesado. Lava-se e carrega-se caixas (centenas); ficamos molhados boa parte do tempo. Não existem horários. Não há planejamento que funcione. Quebra-se a unha, suja-se o cabelo; mancha-se a pele; queima-se o rosto, machucam-se as mãos, as costas, os pés. É preciso que se desmistifique o mundo do vinho e sua aura esnobe e simplista. Vinho artesanal se faz assim. Quem não acredita, nunca trabalhou numa safra ou nunca fez vinho de verdade!

Muitos amigos se prontificam a vir trabalhar e a ajudar na colheita. Muitas pessoas queridas, muita gente bacana (até vinhateiros de muitas partes do mundo), mas seria impossível os acolher e fazer o que fazemos. É a minha escolha.

ROMANÉE-CONTI NÃO É RUIM!

Era uma tarde ensolarada na Borgonha, eu e Álvaro estávamos atestando as barricas de Chardonnay da safra passada que repousavam sossegadamente dentro da histórica cave subterrânea de calcário em Mersault da propriedade Deux Montille.

Para quem não é do mundo enológico, atestar, significa completar as barricas com vinho, de tempos em tempos, para que elas fiquem sempre cheias, evitando que o vinho estrague. A madeira de carvalho é porosa e é inevitável que o vinho adentre as fibras desta madeira e haja um contato com o meio ambiente externo, levando a uma lenta evaporação.

Assim que terminamos a atividade, nos juntamos no pátio da vinícola aos outros vinhateiros que estavam trabalhando conosco, Alessio, Jane e Ellior. Já estávamos quase no final da vindima quando Ettiene de Montille nos presenteou com esta que seria a nossa última e inesquecível visita.

A Romanée-Conti é uma propriedade secular que, além de outros produtos, elabora o vinho mítico que leva o nome da empresa.

Chegando à propriedade, fomos recebidos pelo *chef de cave* Bernard Noblet, um homem espirituoso, elegante, possuidor de um conhecimento profundo sobre as terras e as vinhas. Ele trabalhou por quarenta anos na propriedade, até 2018. Com ele, pudemos ver onde era produzido o vinho mágico e onde eram recebidas as uvas. Em seguida, nos falou sobre o processo e nos conduziu à cave onde nos surpreendeu com uma degustação inesquecível, compartilhando conosco os mais incríveis vinhos diretamente da barrica, como Richebourg, Romanée-St-Vivant, Grands Échezeaux e Échezeaux, La Tâche. Cada vinho era explicado detalhadamente, com descrições impressionantes como a localização do vinhedo ou da parcela, como era a produção de cada um e a peculiaridade de cada safra. Até aí tudo ia bem, até chegarmos na degustação do Romanée-Conti, para muitos o melhor vinho do mundo até hoje. E um dos mais caros. Uma garrafa da safra 1945, por exemplo, foi leiloada por mais de 500 mil dólares.

Bernard pacientemente colocava o líquido sagrado em nossas taças, um silêncio tomou conta de todos, afinal não é todo dia que estamos diante deste vinho lendário. Era como se tivéssemos nas mãos o Santo Graal, mas cheio de vinho. Êxtase total, catarse coletiva, olhos nos olhos segurando o maior tesouro vínico que um enólogo pode ter em suas mãos, o *terroir dos terroirs*, como diriam os franceses, o vinho dos vinhos, a fruta mística esmagada e transformada em sumo celestial, o vinho mais emblemático da história, já bebido por Rousseau, estava diante de nós. Confesso que fiquei absorto enquanto ouvia as explicações sobre a safra 2006.

Depois de sentir o vinho com todos os sentidos possíveis, passei a escutar as perguntas que meus colegas faziam a Bernard. Uma delas era sobre o valor especulativo da garrafa que saía da propriedade a um valor "razoável", mas que, ao chegar no mercado, extrapolava a níveis inimagináveis. Ficando inatingível para os meros mortais.

Foi questionado também sobre o preço da propriedade e respondeu não fazer ideia. Diante desta questão, Etienne o interpelou, com outra pergunta:

— Quanto vale a Monalisa?

Depois desses questionamentos mais de cunho econômico, começamos a falar do vinho. Todos muito concentrados, foi quando Bernard mira Álvaro e lhe pergunta:

— O que achou do vinho? - Esperando que Álvaro discursasse sobre a experiência da degustação.

Com a taça na mão, Álvaro cheira novamente o vinho, dá um gole, e ironicamente responde:

— "Pas mal" - Ou querendo dizer: — "Não é ruim".

Agora todos o olham, atônitos, diante desta heresia, pelo menos para muitos.

Bernard, abre um pequeno sorriso e prontamente responde ao Álvaro:

— Quer colocar de volta na barrica?

Álvaro abre também um sorriso e responde:

— Não, beberei todo (Com caras de: farei esse esforço!).

— Está bem então - falou Bernard.

Todos riram com a cena inusitada protagonizada por meu parceiro de estágio, em pleno santuário do vinho.

Assim terminamos a degustação do mais famoso vinho do mundo, mas não foi assim que minha história com a Domaine de la Romanée-Conti acabou.

Quando o então proprietário da vinícola, Aubert de Villaine, esteve no Brasil e visitou o Restaurante Aprazível, no Morro Santa Tereza, no Rio de Janeiro, provou um de meus vinhos.

Pedro Hermeto, proprietário do restaurante, com a grandiosidade humana que lhe é peculiar, me enviou a seguinte mensagem:

De: "Pedro Hermeto"
Para: "Luís Henrique Zanini"
Data: Fri, 16 Nov 2007 14:07:38 -0200
Assunto: elogios de peso...

Meu querido amigo e irmão,
Tenho boas novas...
Não sei se você sabia, mas o Sr. Aubert de Villaine, dono do Domaine de la Romanée-Conti, esteve por alguns dias dessa semana no Brasil, para umas degustações com seus próprios vinhos.
Segunda-feira ele veio almoçar no Aprazível, o que foi uma honra para nós. Abrimos o restaurante especialmente para ele, com um menu degustação sugerido pela Ana, minha mãe. Ofereci (...) o seu Merlot Vallontano ('04) que foi especialmente elogiado pelo Sr. Aubert, que disse, entre outras coisas, tratar-se de um verdadeiro vinho, "délicieux", nas palavras dele... A cada gole ele fazia um comentário elogioso. E o vinho realmente combinou muito bem com a picanha que comíamos...

Parabéns, meu caro!! O cara gostou de verdade, não foi cerimônia, não. Até porque, você bem sabe que esses franceses não são de ficar enrolando ninguém quando se trata de vinho. Fiquei até emocionado... e orgulhoso!
Mesmo com a chuva intensa e ininterrupta, o almoço foi super agradável e a comida estava ótima. Apesar de toda a pompa e fama que cerca essa figura lendária do mundo dos vinhos, o Sr. Aubert é bem simples e humilde, e muito cordial. Quando soube que havíamos aberto o restaurante especialmente para ele, ficou bastante comovido e agradeceu diversas vezes "du fond du coeur"... Ele gostou e elogiou a comida brasileira, que não conhecia.
Pronto, aí está o relato do que se passou por aqui na segunda, enquanto a chuva corria solta lá fora...
Fiquei feliz e orgulhoso por você com esse reconhecimento de peso feito...

Grande abraço!
Pedro

Confesso que me emocionei quando recebi este e-mail do Pedro. Pedro Hermeto é uma das pessoas mais legais que conheci no mundo, não só do vinho. O que ele não imaginava é que esta mensagem, muito além de um elogio, era um atestado de que eu estava no caminho certo nesta briga pessoal para elaborar este estilo de vinho. Era a quarta safra da minha vida, tentando ir na contramão do que o Brasil produzia na época.

Beba este vinho
E ao beijar o cálice,
Sentirás a poesia da vida
Beba este vinho
Neste cântaro inesgotável
De sabedoria e prazer
Saciarás teu corpo e
Elevarás teu espírito
Talvez nele encontre as cores
Da primavera de tua infância
Beba este vinho
E cairás nos braços
Doces e lascivos
Indômitos e frenéticos
Deste sagrado deus, que insiste em cegar a prudência
Eterno Amor Vernal

SIAMO TUTTI ORIUNDI?

Verona, a cidade no coração do Vêneto, inspira por sua história, sua arquitetura, suas praças e igrejas, sua arena, o poético rio Ádige e suas pontes, seus castelos, e seus vinhedos. Terra do Amarone e produtores de vinhos emblemáticos como Quintarelli, Dal Forno e Masi. Jamais pensei que teria uma relação tão intensa com essa cidade por conta do vinho.

Começo este capítulo com o texto da querida amiga Suzana Barelli de 12/05/2014, na Istoé Dinheiro:

"A história começa em 2006, quando Sandro Boscaini, dono da Masi, decide procurar vinícolas ao redor do mundo, que tenham, em seu passado, uma ligação com o Vêneto. No final do século XIX, início do XX, muitos italianos do Vêneto deixaram a região à procura de oportunidades de trabalho. Não raro, estes imigrantes levavam consigo mudas de suas uvas. A região da serra gaúcha foi uma das paradas destes italianos. É isso que explica porque muitos produtores gaúchos de vinho são originários de pequenas cidades do norte da Itália. Em 2006, Boscaini conheceu alguns destes produtores, sempre com o pré-requisito de ter origem no Vêneto, e decidiu apostar em Zanini.

A ideia do italiano era elaborar um tinto que expressasse o *terroir* brasileiro a partir desta técnica de secagem das uvas, típicas do Vêneto. A equipe da Masi visitou Zanini diversas vezes e juntos eles apostaram em várias uvas, da italiana teroldego (que deu certo) a espanhola tempranillo (que não resultou em um bom vinho passificado). Nesta aventura, as uvas chegaram a ser passificadas na garagem da própria casa de Zanini.

O vinho final, batizado de Oriundi, é um *blend* de tannat, teroldego, ancellotta e outas mais, que o brasileiro ainda não revela. Está à espera da apresentação oficial do vinho, previsto para o mês que vem, com a presença dos representantes da Masi no Brasil".[1]

A saudosa jornalista Silvia Cintra Franco também veiculou a notícia, em 15/12/2014, para a Revista Menu:

"A parceria entre um dos mais emblemáticos produtores do Vale dos Vinhedos e a maior fabricante de vinhos Amarone do Mundo, a italiana Masi, será um marco na vitivinicultura brasileira. Luís Henrique Zanini, enólogo da Vallontano e a equipe técnica da vinícola italiana passaram os últimos anos estudando o projeto, batizado agora de Oriundi – Collaborazione Masi – Zanini".

Então começamos a desenvolver um vinho de apassimento com uvas que havia plantado em 2004 nos Caminhos de Pedra. A ideia inicial era testar a técnica.

Colhemos as uvas e as transportamos dentro de caixas no porta-malas e bancos do meu carro. Como Suzana descreveu, o projeto começou na garagem da minha casa com pequenos ventiladores, portas e janelas abertas, para ventilar o máximo possível. A primeira

1 BARELLI, Suzana. "Siamo tutti Oriundi". *Istoé*, 12 mai. 2014. Disponível em: https://revistamenu.com.br/siamo-tutti-oriundi/. Acessado em: 09.01.2024.

microvinificação rendeu pouco mais de 50 litros, mas com um resultado muito interessante.

Os testes inicialmente foram com Tempranillo e Teroldego, e posteriormente comecei a trabalhar com a uva Tannat e Ancellotta. Por fim, descobrimos o corte ideal para estas uvas. Foram algumas viagens para a Itália e muitas visitas do enólogo da Masi, Andrea Dal Cin ao Brasil. Meu braço direito Fernando Andreazza foi convidado a fazer um estágio na sede da vinícola em Verona, não só para aprimorar a técnica do apassimento, mas para entender melhor a proposta da Masi. Foi muito importante este intercâmbio do Fernando para entendermos este processo. Fernando trabalha comigo há mais de dez anos com seriedade e responsabilidade em tudo o que nos propomos a fazer.

Depois do segundo teste com as uvas, eu e a Talise fomos para a Itália apresentar o vinho. Chegamos na estação de trem Verona Porta Nuova, e Andrea nos buscou e nos hospedou em uma propriedade da Masi, chamada Serego Alighieri, que data de 1353, adquirida por um filho de Dante Alighieri, o poeta da Divina Comédia.

Na manhã seguinte, tivemos uma reunião com a família Boscaini, proprietária da Masi, neste instante, ao ver a bandeira brasileira desfraldada em frente à vinícola, meu coração acelerou. Já não importava mais o vinho; o momento era histórico; passava na minha cabeça o nome deste projeto "Oriundi" por conta dos milhares de vênetos que tiveram que abandonar suas terras, deixar sua vida na Itália, e procurar seu lugar no mundo. Deixando para trás suas histórias, seus amores, seu chão.

Enfrentaram o mar por quase 40 dias, em uma travessia desumana e cruel. Ao chegarem ao Brasil, foram alocados em terras inóspitas que, por fim, transformaram.

Confesso um grande orgulho em ver a bandeira brasileira aberta por causa de um *oriundo* Zanini, cuja família teve que abandonar tudo em Castelgomberto e procurar refúgio em terras desconhecidas, se embrenhar nas matas brasileiras para sobreviver.

Não era mais apenas uma garrafa de vinho que eu transportava para a degustação. Naquele instante, eu carregava a dignidade de centenas de milhares de imigrantes oriundos daquela região, as vidas perdidas dos que não chegaram a terra firme, estava o sofrimento de crianças e pais que tiveram que se separar, ali tinha a fome, o abandono, a tristeza de um povo denominado imigrante.

Oriundi talvez seja a forma romântica de traduzir isso. Olhei aquela garrafa, e sim, ali continha vinho, com uvas plantadas no Brasil, por brasileiros, e pouco importava se fossem descendentes de italianos ou não. O fato é que a bandeira brasileira estava lá na entrada da maior vinícola de Amarone do mundo, isso já bastava para mim. Entramos naquela sala e fomos recebidos por Sandro e Raffaele Boscaini.

Nós, os *oriundi*, podemos ter cidadania italiana, podemos ter parentes distantes, mas já não pertencemos à Itália e ela não nos pertence.

Somos outro povo, aqui adaptado. Somos a uva Peverella que também migrou, lutou, perseverou e está aqui há mais de 100 anos. Quem ousaria dizer que ela não é brasileira?

Depois de dois anos, voltei com meu sogro, para degustar o vinho final com o grupo técnico da empresa italiana, onde foi aprovado por unanimidade. O vinho foi lançado e encantou muita gente na Itália e no Brasil. Foi um projeto que me possibilitou entender sobre a técnica de tornar a uva desidratada para depois fazer o vinho, um método italiano, mas sempre conservando a alma brasileira.

Em Caxias do Sul, existe uma obra em bronze que se chama Monumento ao Imigrante, uma homenagem a todos os imigrantes, não só italianos, que construíram a nossa pátria.

Somos todos *oriundi*!

Somente o som das lâminas a traspassar as horas
Esse é o rito sagrado do ofício que escolhi
Enxertar, plantar, vindimar, vinificar
Tocar nesta uva é flertar com o infinito, é conceber a poesia da luz
escrita pelo tempo
Que eu seja digno de transformar esta poesia em outra, com a
delicadeza e o respeito que a natureza merece
Que eu seja digno de parir a cada ciclo os vinhos, filhos da luz.

ROBERTA

Escrevo sobre Roberta Sudbrack com a maior leveza do mundo. Para quem conhece verdadeiramente esta mulher, sabe o quanto ela é importante para a gastronomia brasileira e mundial. Ela é pura como a sua cozinha. Eu só tenho a agradecer pelas histórias de vida que ela me proporcionou em seus restaurantes.

Quem não se lembra do seu icônico restaurante RS? Lá tive lindas passagens. Foram incontáveis momentos, desde eventos marcantes como o lançamento do projeto Oriundi e do espumante La Toller, que elaborei para a cantora Paula Toller, até os mais intimistas e singelos, mas de igual importância e talvez de maior amplitude. Como a apresentação de um vinho desconhecido à época, chamado Peverella, em 2008.

Cada vez que eu ia ao Rio, ela repetia: "a casa é sua". E ainda continua dizendo. Como esquecer do encontro que ela me oportunizou me convidando para o seu jantar de comemoração de seus vinte anos de carreira e dez do seu RS, e que gostaria de harmonizar seus pratos com meus vinhos?

Sem dúvida foi um dos momentos mais emocionantes de minha vida. Roberta foi atrás dos seus sonhos, do seu coração, das suas verdades. Um dos comentários que ouvi na época que ela fechou o RS foi "como ela abandonou um restaurante estrelado?" Sei que as estrelas que ela valoriza não são mensuráveis por um guia. As estrelas que dão sentido à sua vida vem de um lugar onde só cabe o amor. Ela sempre me inspirou.

Em 2017, Roberta Sudbrack enfrentou uma de suas piores batalhas, mas, ao mesmo tempo, começou a revolucionar a produção de queijos artesanais no Brasil.

> Estou fechando a minha operação no Rock in Rio porque a minha ética, o meu profissionalismo e as minhas convicções não me permitem ver uma cena dessas. Comida da melhor qualidade sendo jogada fora enquanto tantas pessoas morrem de fome no mundo.[2]

A vigilância Sanitária do Rio de Janeiro havia recolhido, durante o Rock in Rio daquele ano, dezenas de quilos de queijos e linguiças provenientes de seus fornecedores de mais de 20 anos, gerando um prejuízo incalculável para ela.

No ano seguinte, porém, Roberta viu a criação do Selo ARTE, um passo gigantesco para a comercialização dos queijos e embutidos artesanais no Brasil.

Roberta sempre foi uma defensora do artesanato brasileiro, e foi a primeira pessoa da gastronomia a me receber, e me ouvir sobre os problemas do vinho no Brasil. Roberta sempre se posicionou a favor dos pequenos produtores de vinhos brasileiros.

2 O GLOBO. "Roberta Sudbrack fecha operação no Rock in Rio após apreensão". *O Globo*, 16 set. 2017. Disponível em: https://oglobo.globo.com/cultura/musica/roberta-sudbrack-fecha-operacao-no-rock-in-rio-apos-apreensao-21831539. Acessado em: 09.01.2024.

Os valores que ela defende dentro da gastronomia são os mesmos que prezo na vitivinicultura.

Como permitem comermos queijos franceses e italianos "mofados" e isso não ter nenhum problema? Como bebemos vinhos franceses onde as caves acumulam séculos de mofos? Para os franceses, isso é sagrado, faz parte do *terroir*. Ou seja, das características únicas da terra, do clima, do homem, é o que os diferencia do resto do mundo.

Visitei vinícolas na França que aqui seriam interditadas, onde o piso é de terra, as caves de calcário úmidas e mofadas. Os vinhos são comercializados aqui a preço de ouro. Os turistas ficam encantados com essas cavernas que aqui seriam consideradas insalubres.

Isso também acontece com o queijo. Roberta saiu em defesa de um artesanato brasileiro que ainda está longe de ser protegido e reconhecido.

Passamos por várias lutas juntos, e creio que ainda passaremos por muitas outras. Também tenho certeza de que teremos momentos lindos, pois ainda estamos escrevendo nossa história.

Perdi as contas de quantas vezes chorei com a Roberta. Foram choros, na maioria das vezes de alegria e de emoção, mas choramos juntos também de tristeza e indignação.

Somos passionais, somos forjados pela poesia, nos entregamos de corpo e alma aos nossos ofícios.

Roberta é essa mulher que consegue fazer o tempo parar com sua comida. Desde que nós nos conhecemos, uma profunda amizade nasceu; a gente se confessa um para o outro.

A gente se emociona, a gente compartilha angústias e medos, mas também sonhos e alegrias. Vibramos na mesma frequência. Vou deixar que a própria Roberta conte um pouco da nossa história através de sua coluna para o jornal Zero Hora, publicada em 27/08/2020:

"Semana passada, comecei a falar de algumas joias da cultura gaúcha. A gente sabe que gaúcho é orgulhoso das suas crias e não nega. Mas acho que falei muito rapidamente de uma das maiores joias, em minha opinião, da nossa cultura, quando o assunto é vinho e poesia: Luís Henrique Zanini.

Não sei se o Zanini é mais enólogo do que poeta. Mais poeta do que enólogo? Ou uma das pessoas mais apaixonadas pelo que faz que já conheci.

Nos conhecemos num almoço, no meu antigo restaurante, o Roberta Sudbrack, há pelo menos uns 12 ou 13 anos.

Jonathan Nossiter, outro defensor ferrenho, como eu, da poesia e do artesanato brasileiro, me apresentou ao Zanini. Poucas semanas depois, num treinamento para a minha equipe, Nossiter abriu um vinho branco e não nos informou do que se tratava, se era do novo, do velho ou do mundo futuro.

Lembro-me como se fosse hoje, a tarde caía no Rio de Janeiro e tínhamos em nossas taças um dos primeiros exemplares do vinho Peverella, Era dos Ventos de Luís Henrique Zanini. Não foi fácil conter a emoção, e eu chorei. Não consegui me controlar diante de tanta sensibilidade.

Naquela época, não eram muitos os restaurantes que se aventuravam a colocar vinhos brasileiros em suas cartas. Era o início de um sonho. Topei o desafio e só tenho lembranças boas da nossa persistência e coragem. Inúmeros foram os clientes estrangeiros que se encantaram com a poesia pura e sem conservantes do Zanini. É verdade que no início era muito mais fácil convencer um estrangeiro do que um cliente brasileiro a experimentar um exemplar da nossa vinicultura.

Mas tive o prazer de assistir à mudança de comportamento e ao interesse pelo produto nacional crescer dia após dia. Coisa que sempre me emociona e me faz chorar.

Zanini também sempre me faz chorar, porque desperta em mim as melhores emoções, e me faz lembrar o poeta Manoel de Barros: "*poesia é voar fora da asa*".[3]

Sou eternamente grato à vida por ter colocado a Roberta em meu caminho e por ser seu contemporâneo. Ela tem o dom de transformar tudo em amor, principalmente os frutos da terra.

Sempre me emocionei com sua cozinha, desde o primeiro hambúrguer que comi no RS, me emociono com tudo que ela faz.

Mas sempre tive um sonho que compartilhava com ela: fazer o vinho da sua casa. Um vinho da Casa para Roberta Sudbrack.

3 SUDBRACK, Roberta. "Naquela época, não eram muitos os restaurantes que se aventuravam a colocar vinhos brasileiros em suas cartas". *GZH*, 27 ago. 2020. Disponível em: https://gauchazh.clicrbs.com.br/destemperados/tendencias/noticia/2020/08/naquela-epoca-nao-eram-muitos-os-restaurantes-que-se-aventuravam-a-colocar-vinhos-brasileiros-em-suas-cartas-roberta-sudbrack-cked9ttn4002u013g618yhklo.html. Acessado em: 09.01.2024.

Em 2023, se realizou este nosso sonho. Um vinho que fosse o artesanato mais puro. Um vinho que tivesse uma identificação profunda com toda essa relação. Mas principalmente que tivesse uma ligação emocional com o artesanato da Roberta.

Os vinhos se chamam Voo e Pouso, magnificamente batizados e vestidos com a arte da querida amiga Andrea Samico, um branco e um tinto, delicadamente elaborados na Era dos Ventos.

O vinho da casa do SUD não é um vinho, é uma oração, um poema, um sonho que deitou ramos.

É o nascente e o poente, o voo e o pouso, é a conjugação do amor em seu tempo mais lírico.

É o encanto vínico das estações. O sussurro do vento que impregna a alma de saudade, dos afetos das avós, das avós de nossas avós.

Este é o vinho da casa, que bebemos em nossa casa, e em comunhão oferecemos como presente da terra para nossas vidas.

Com vinho, escrevi dois poemas para a Roberta, que traduzem a importância desta mulher para a humanidade, por tudo que faz, por tudo que sente.

POUSO

Em ti tudo grita
Tua voz ecoa liberdades
Tu transformas terra em amor
Diante dos Midas que alimentas e que beijam as tuas mãos
Nas raízes e nas luas
Tu mostras que teu ouro é outro

VÔO

Viverei só de fogo e de tuas mãos
Um andarilho perdido na história
A saciar-me da magia da tua colher de madeira
Com a mesa posta para o infinito
Tudo será pleno!
Voarei nos perfumes do barro aquecido tocado por ti.

Onde estavas quando a noite veio te perguntar sobre o amor?
Onde estavas quando as videiras estavam em flor?
Onde estavas quando o vento procurava o teu perfume?
Tu estavas em cada verso que não escrevi
Tu estavas no meu silêncio
Onde a saudade gritava teu nome
Aprendi a esperar por primaveras
Aprendi a beber não só o vinho, mas a terra e as estrelas
E a tua vindima esperando pela minha
Num poético final de tarde desta Era.

AS VERTICAIS

Foi o genial jornalista e escritor Luiz Horta quem plantou esta ideia na minha cabeça. Em 2012, quando escrevia para o Caderno Paladar do Jornal O Estado de São Paulo, me convidou para abrir o ciclo de degustações do sexto Paladar Cozinha do Brasil, em julho daquele ano.

Uma degustação vertical é quando abrimos várias garrafas de um mesmo vinho, porém, de safras diferentes.

Organizamos uma degustação de vinhos Cabernet Sauvignon que eu havia elaborado na Vallontano, de cinco diferentes safras: 2000, 2002, 2004, 2005 e 2007.

A degustação foi esplendidamente conduzida por Luiz, e a safra de 2005 teve grande destaque. Fui contagiado pela experiência.

O jornalista Luiz Horta é admirável, não só pelo seu conhecimento e cultura, mas pela capacidade ímpar de nos fazer sonhar com os vinhos que bebe.

No mesmo ano de 2012, ele escreveu que Alain Graillot tinha descoberto um oásis em Ben Silmane, a 40 quilômetros de Casablanca no Marrocos. Isso ficou impregnado em meu imaginário. Marrocos? Casablanca? África?

Por aquelas circunstâncias inexplicáveis da vida, lá estava eu, em março de 2018, no continente africano com dois amigos de infância, Jean e Alexandre.

Na Domaine des Ouled Thaleb, fui recebido pelo enólogo Stéphane Mariot, e pude degustar os vinhos elaborados na propriedade. A lembrança foi imediata daquele artigo mágico, escrito por Horta, que me fez sonhar e chegar até ali.

Esta é uma das belezas do mundo do vinho: ser um pequeno produtor que continuamente deseja conhecer e apreender todos os vinhos do planeta.

Por esta passagem em terras africanas, pude conhecer um pouco da vitivinicultura do Marrocos. Com registros de atividades ainda antes do Império Romano.

Depois dessa vertical com Luiz Horta, sempre pensei que poderia reeditá-la com o Peverella, mas confesso que não sabia como seria a reação das pessoas diante de um vinho totalmente anárquico, fosse pela variedade, fosse pelo método de vinificação.

Fiz uma primeira apresentação em Brasília em agosto de 2012 e, para minha surpresa, todos os participantes ficaram tocados pela experiência.

Assim, sem exageros, considero que todas as verticais seguintes de Era dos Ventos Peverella tornaram-se icônicas de diferentes maneiras.

Fiz várias delas pelo país: Brasília, São Paulo, Rio, Porto Alegre, sempre marcadas por fortes emoções em todos os lugares. Mostrar o potencial de um vinho branco macerado brasileiro, com uma variedade emblemática e sua longevidade, é sempre fascinante.

Uma inédita e surpreendente vertical foi realizada com o vinho Trebbiano da Era dos Ventos no restaurante Cais, em São Paulo, em 2022. O amigo e sommelier Guilherme Giraldi, foi quem teve a feliz ideia de abrir todas as safras produzidas desta variedade, o que surpreendeu a todos, inclusive a este que vos escreve.

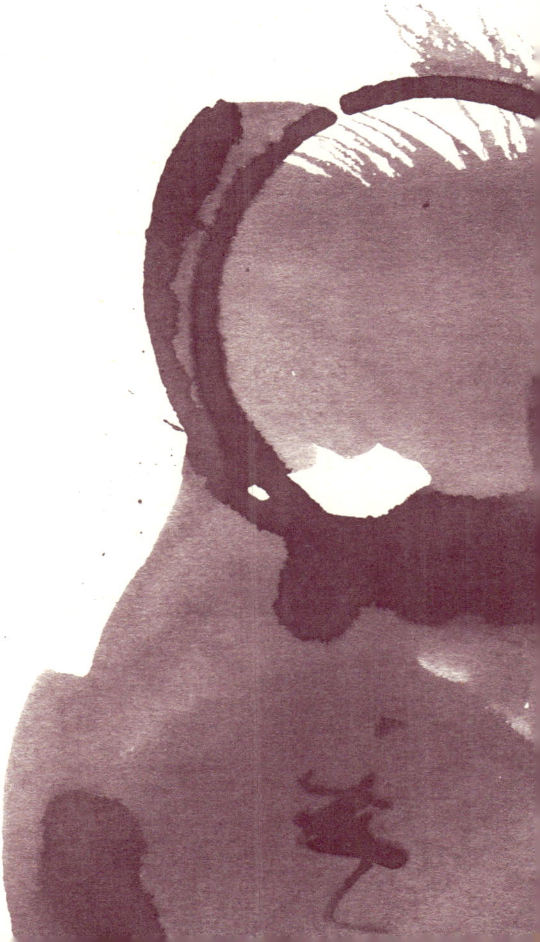

Na fissão da semente
A partícula vínica de Deus
Descortinou-se o átrio da vinha
Rebentos insanos a varrer os campos
Permeio o sumo do fruto
E revelo teus olhos na luz rubi
Onde o vento imprime saudades
Em um sabor eterno
De antigas terras,
Vindimas etéreas.

PEDRO E ANA

E se todos os sonhos coubessem em uma única noite de outono? Meu sonho coube. Em uma quinta-feira no dia 28 de abril de 2022, apresentamos dez safras de Peverella da Era dos Ventos no restaurante Aprazível.

Foram dez ciclos de vida, foram dez anos de história.

Celebrar tudo isso no Aprazível foi contar através da poesia os encantamentos e os encontros da vida.

Foi reviver com Talise, Ana Castilho e Pedro Hermeto a gênesis do amor vínico. Foi consagrar a ventura humana no tempo.

O vento morno e a *bougainville* branca florescida naquele mesmo dia foram prenúncios da noite mágica que teríamos. Reencontramos amigos, revivemos histórias, rimos, choramos, sonhamos acordados.

Pedro e Ana fazem parte de nossas vidas. Ana concebeu particularmente os pratos da inesquecível harmonização, deixando em cada um deles a sua marca.

Foi emocionante falar sobre os vinhos, de vários anos, de várias safras.

Definir vinhos com poesia talvez pareça *démodé*, mas só consigo falar assim. Como falar sem poesia no Aprazível? Como falar de vinhos senão com o coração? Longe das fichas técnicas, das razões, do cartesianismo, apenas sentir. Foi uma noite mágica, cada Peverella reluzia diferente provocado pela luz.

O que dizer da minha amiga Ana? Quanta generosidade,

quanta vida tem essa mulher inspiradora, que nos acolhe sempre com braços do tamanho do Cristo Redentor.

Essa vertical de Peverella foi um inesquecível encontro vínico, mas acima de tudo uma celebração da vida. Estarmos juntos: eu, Talise, Pedro e Ana, bebendo a história da Era dos Ventos através das várias safras de Peverella foi algo místico que transcende ao tempo.

Como agradecer a Alexandre Lalas? Um amigo de tanto tempo, companheiro de várias batalhas no mundo do vinho, que esteve presente festejando conosco este encontro. Escreveu uma matéria belíssima na Revista Gula sobre esta noite antológica e nela teve a genial ideia de substituir a ficha técnica de cada uma das safras por uma de minhas poesias. Realização completa.

Na mesma edição da revista, Pedro, com sua elegância habitual, não só traduziu essa noite histórica no Aprazível, mas também poeticamente fez um tratado sobre a amizade, sobre respeito e, claro, sobre o vinho.

"A Era dos Ventos e o Aprazível têm uma relação visceral, forte, já há bastante tempo. Conheci o vinhateiro Luís Henrique Zanini, fundador da Era dos Ventos, em 2006, quando ele participou do lançamento da então nova carta de vinhos do restaurante – pensada e elaborada pelo 'cineasta-vínico' Jonathan Nossiter –, em evento realizado no Aprazível, a céu aberto, em uma noite quente do verão carioca. Ali, Zanini figurava como representante da Vallontano, da qual também é proprietário-enólogo, juntamente a donos de outras vinícolas brasileiras importantes, de produção familiar.

A conexão com Zanini foi imediata e, naquele momento,

sem que soubéssemos, formava-se um vínculo de amizade genuína, espontânea, gratuita. A reboque, como seria natural, começava uma relação de admiração e respeito mútuos entre a vinícola e o restaurante.

Desde então, o restaurante Aprazível sempre esteve muito ligado à vinícola Era dos Ventos. Ambos caminharam juntos, cresceram e ganharam vulto e notoriedade. Um longo e tortuoso caminho de desafios, aventuras e sucesso foi trilhado pelas duas empresas desde então. Nas palavras de Zanini, 'a vida da Era dos Ventos passa por esse lugar encantado. Não se pode falar em Era dos Ventos sem falar no Aprazível. Foi neste restaurante, comandado por Ana Castilho, onde a Era dos Ventos deu seus primeiros passos e se mostrou para o mundo. Nossa amizade foi o início de uma relação de cumplicidade e respeito. Foram incontáveis histórias, debates, documentários, degustações, verticais almoços e jantares inesquecíveis. E o melhor de tudo isso, estamos juntos há 14 anos, desde a primeira safra da Era dos Ventos'.

A Era dos Ventos, diga-se, está ininterruptamente na carta do restaurante desde a primeira safra, de 2007. Diante de tal cumplicidade, nada mais natural do que o Aprazível sediar uma degustação vertical promovida pela Era dos Ventos em solo carioca, tendo como protagonista seu vinho mais icônico, mais conhecido e cultuado – o Peverella (...). Foi, de fato, um encontro único, inédito, intenso, permeado de fortes emoções e sensações. Ali, naquele restaurante que é, historicamente, o santuário da Era dos Ventos, foram abertas dez safras do vinho Peverella, dez relíquias líquidas douradas, carinhosamente harmonizadas com o talento das mãos de Ana Castilho, que cuidou pessoalmente de todos os pratos da grande festa. Os vinhos foram das safras 2012, 2013, 2014, 2015, 2016, 2017, 2018, 2019 e 2020, com o Peverella 'Dez Anos' – que é da safra 2011, lançado após dez anos de guarda, para fechar a vertical.

No lado gastronômico, para acompanhar essas especiarias douradas, coube ao restaurante oferecer o 'couvert da casa', com pães, sarnambi e pizza branca, seguido pelas entradas compostas pelo famoso pão de queijo com linguiça e pela casquinha de caranguejo. Na seara dos principais, foram servidos o 'Bacalhau à Serra de São José (Tiradentes/MG)', que consistiu em lascas de bacalhau com canjiquinha crocante com barriga de porco, abobrinha e cebola confit, e o 'Porco das Gerais' – uma copa lombo assada, com arroz com castanhas e couve frita. Para fechar a festa, queijo Minas da Serra da Canastra e torta de pera com amêndoas.

As combinações foram muito felizes e compuseram um todo muito harmonioso. O acerto foi geral. Não houve conclusão sobre qual safra combinava melhor com qual comida e a brincadeira entre os comensais era fazer provas aleatórias de vinho e comida, descobrindo as nuances de cada um no percurso. Foi um encontro leve, de partilha e, sobretudo, de muito afeto; coerente com a singela relação de amizade entre as entidades e seus patronos. Além da alegria e da troca que se estabeleceu entre os presentes, a noite foi, acima de tudo, emocionante – daquelas que guardaremos na memória para sempre (...).

A verdade é que, para o *restaurateur*, todos os percalços do empreender no setor de alimentação fora do lar, em um país como o nosso, justificam-se e são esquecidos quando se vive uma experiência como essa proporcionada pela vertical de Era dos Ventos Peverella.

Esse é o ponto máximo da árdua atividade de um empresário do setor. Quando se adicionam o amor e a paixão pelo vinho nessa equação, a satisfação e a felicidade atingem patamares difíceis de se alcançar".[4]

4 HERMETO, Pedro. *Revista Gula*, nº 275, ano XXXI, edição de primavera 2022, pp. 74/75.

DEZ ANOS ANTES...

Em 2012, houve um movimento encabeçado por entidades e grandes vinícolas buscando a implantação de salvaguardas para o vinho brasileiro, que imputariam ao pequeno produtor, medidas descabidas e surreais, que não valem a pena aqui relembrar. O restaurante Aprazível transformou-se, então, num local de resistência reunindo centenas de pessoas, produtores e apaixonados em protesto, num dia frio e chuvoso de maio de 2012. Alexandre Lalas subiu num gazebo do Aprazível, fazendo-o de púlpito, e leu o manifesto escrito por mim:

"É com imensa alegria que iniciamos este encontro. Hoje é um dia de júbilo inebriante, um dia de celebração. Estamos aqui para resistir a tentativa de genocídio da diversidade do vinho no Brasil. Estamos aqui para resistir ao fim da pluralidade, estamos aqui para dizer a verdade, a nossa verdade, a única verdade. Estamos aqui porque não queremos ser engolidos pelo monstro da economia de escala. Estamos aqui para defender os vinhos brasileiros, e sobretudo para debater a tentativa perversa de privilegiar apenas a grande indústria de vinhos no Brasil em detrimento da artesania.

O Aprazível já foi palco de outras batalhas e novamente abre suas portas para um momento importante e histórico, e sem precedentes para os rumos da vitivinicultura no Brasil. O Aprazível é para nós, pequenos produtores brasileiros, o fórum legítimo para discutir a vitivinicultura brasileira. O palco perfeito para quem não tem vez e voz em sua própria terra. É o púlpito para ressonarmos nosso descontentamento com as políticas impostas pelo setor, e por todas as entidades que apoiam o Selo Fiscal e a Salvaguarda (...).

Acusam os pequenos produtores de serem manipuladores de informações. Assim, assistimos perplexos a tudo isto, a falta de elegância destas pessoas que estão botando abaixo a imagem do vinho brasileiro. Prezados cidadãos e cidadãs, o marketing não esconde atos fascistas, o marketing não limpa a alma, o marketing não forja caráter, o marketing não faz vinho! (...)

A grande indústria brasileira usa a ardilosa estratégia de se colocar como vítima. Queremos saber quem está de fato boicotando o vinho brasileiro? Meus caros, por isto estamos aqui, para dar nossa resposta de forma elegante e prazerosa, ao evento que simultaneamente acontece neste exato momento em outro local promovido pelos defensores do Selo Fiscal, da Salvaguarda e das Normativas. Elas que servem apenas de instrumentos de defesa, numa vergonhosa e escancarada tentativa de reserva de mercado (...).

Não poderia deixar de fazer referência a um grande homem de coragem, e proprietário do restaurante que possui a melhor carta de vinho do Brasil, Pedro Hermeto. Parabéns pela coragem, pela determinação e entendimento. O Aprazível foi e sempre será a grande referência para o vinho brasileiro. Também agradeço a todos que se empenharam na luta de defesa do pequeno produtor brasileiro. Certamente o sacrifício e o sudário, impressos em nossos dias não nos roubaram a dignidade; ao contrário, nossas gárgulas inundaram as nossas vidas de alegria e serenidade. O vinho imaculado corre em nossas veias como o Vesúvio em seus tempos de glória!

Somos parte de um mesmo corpo, amantes de um mesmo amor, fugitivos de guerra procurando a paz. Como homens e mulheres de um novo tempo, temos somente um dever: procurar a verdade. Que ela nos guie e nos liberte, que ela nos desvende outros caminhos além daqueles indicados por outros, que ela nos esclareça e nos dê essência. Sigamos então a verdade da luz da lua numa noite de verão, bebamos um vinho autêntico com nosso melhor amigo, sejamos um pouco o corpo do Criador, sejamos os ramos da videira a frutificar pela eternidade, sejamos odres novos para o vinho novo. Cantemos os salmos da vida, festejemos o Cântico dos Cânticos, sempre e sempre. Façamos do vinho o nosso filho unigênito, respeitando suas nuances e suas estações, façamos dele nossa vida, como nossos sonhos, outrora verdadeiros, como o mar calmo depois do verão. Que os sonhos de cada um que se encontra hoje aqui, se tornem uma vinha fértil. Que nossos braços sejam como os ramos e frutifiquem; que as nossas mãos toquem com delicadeza e carinho nossa colheita, e que nossos olhos habitem o infinito para sentirmos então todos os aromas indescritíveis, jamais sonhados, degustando a paz, e encontrando a vida plena.

No vinho a luz, no vinho a vida, no vinho o escárnio, a ousadia, no vinho o corpo, o sopro, a luz...

No vinho o mar,

No vinho o amor, o amor, o amor.
Assim seja".

Não sou enólogo de jardim,
sou um enólogo selvagem,
longe do equilíbrio que desequilibra,
Um São Jorge que encontrou Dom Quixote,
E que juntos partiram em devoção,
Sem nenhuma vocação
para salvar uma única alma pelo caminho.

A VERTICAL NO D.O.M.

Nossa vertical no D.O.M. foi comandada por Gabriela Monteleone e aconteceu dia 19 de novembro de 2022, uma sexta-feira ao meio-dia. Uma vertical de 10 safras da Era dos Ventos Peverella e mais o lançamento do Peverella DEZ, um vinho da safra 2011 que maturou por dez anos em madeira.

O chef Alex Atala, assinou com Gabriela Monteleone o seguinte texto, divulgado em suas redes sociais.

"Além da relevância em relação ao projeto Era dos Ventos (e daí receber essa degustação histórica é por si só importante e especial), a relação próxima que construímos ao longo de quase 10 anos, dia após dia, falando e servindo para tanta gente um recorte do que é o vinho no Brasil, uma parte que decidimos contar juntos, durante todos esses anos de menu harmonizado...

O Peverella da Era dos Ventos significa, além de um bom vinho, um olhar amoroso para o futuro tendo como inspiração um passado próximo.

Fala dessa região chamada Caminhos de Pedra, e enche a gente de informações preciosas e verdadeiras do que é o Brasil vitivinícola e o legado da imigração italiana.

O vinhateiro por trás do projeto é o Luís Henrique Zanini".

Na Era dos Ventos, de maneira natural, temos o tempo como o grande aliado do vinho. Precisamos do tempo para colher, fermentar, macerar, para o vinho repousar majestosamente, para evoluir, ganhar complexidade, e ficar pronto, porém, este trabalho não termina aí, tendo em vista que, depois de engarrafado, seu processo evolutivo continua. Para o vinho, o tempo é fundamental e o sucesso destas verticais é a prova disso.

Alex Atala sempre respeitou muito o meu trabalho. Gabriela Monteleone sempre foi para ele uma referência e a interlocutora do mundo do vinho com o D.O.M., e foi ela que introduziu corajosamente o Era dos Ventos Peverella, neste restaurante há mais de dez anos. E Alex avalizou.

A SEMENTE

"De que serve o poeta, a não ser que atinja uma visão nova da vida, que esteja disposto a sacrificar a própria existência para atestar a verdade e o esplendor de sua visão? Está na moda falar desses seres demoníacos, desses visionários, como Românticos, para sublinhar sua subjetividade e considerá-los pausas, interrupções, substitutos provisórios na grande corrente da tradição, como se fossem loucos girando em torno do próprio eixo. Nada mais falso. São precisamente esses inovadores que formam os elos na grande cadeia da literatura criadora. Deve-se realmente começar pelos horizontes onde eles expiram – 'segurar a semente', como diz. Rimbaud – e não sentar-se confortavelmente nas ruínas e montar um quebra-cabeças de cacos".[5]

Parodiando Miller, o vinhateiro deve "começar pelos horizontes onde eles expiram", precisamos "segurar a semente".

Esta é a essência filosófica vínica: é preciso resistir, torna-se imprescindível à poesia no vinho e na vida.

5 MILLER, Henry. *A hora dos assassinos*: um estudo sobre Rimbaud. Trad. Milton Persson. Porto Alegre: L&PM, 1983, p. 63.

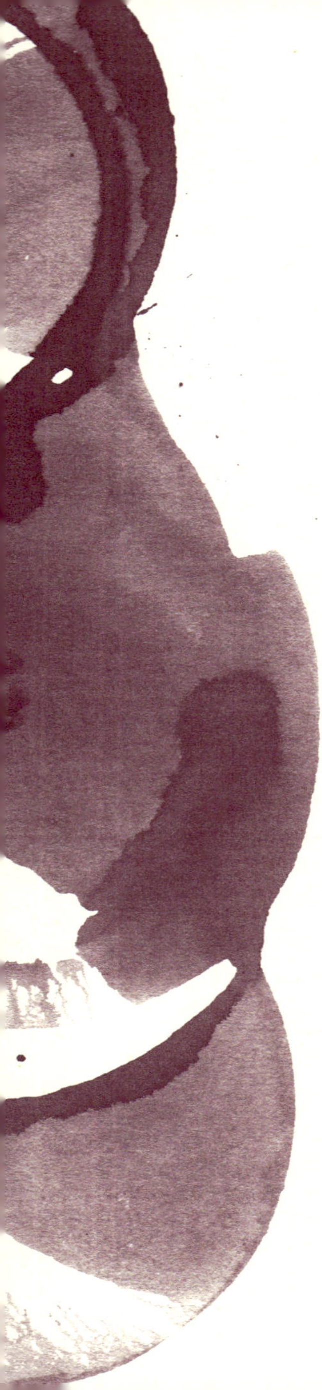

ADMIRÁVEL VINHO NOVO

O fazer vinho extrapolou seu conceito intrínseco de milhares de anos. Ouso dizer que, nos últimos tempos, afastou-se do sagrado e de seu verdadeiro propósito.

Famílias, que fizeram fortuna bem longe da vitivinicultura, investem quantias vultosas em terras para cultivo de vinhedos e na construção de prédios para vinícolas surreais, arquitetonicamente fantásticos.

Normalmente, estas famílias não buscam retorno sobre investimento, nem desejam diversificar seus negócios; mais que fazer vinho, querem imprimir seu nome neste mundo comumente relacionado a glamour e poder.

Há quase vinte anos, um destes multimilionários visitou-me antes de construir a sua própria vinícola. Queria saber tudo sobre a produção de vinhos, e certamente diante das minhas explicações, deve ter me achado somente um romântico. No final da conversa, questionei por que estava investindo em uma vinícola cujo capital provavelmente não daria retorno nem mesmo para sua próxima geração. Ele me respondeu: fazer vinho é a única forma de perpetuar o nome da minha família.

Confesso que fiquei em estado de choque: o vinho sendo utilizado apenas como motivo de *status*, para quem sabe imortalizar um sobrenome.

Esta situação é comum no mundo inteiro, mas, no Brasil nas últimas décadas, tornou-se uma epidemia.

Donos de mineradoras, industriais, banqueiros, estrelas da mídia esportiva, profissionais liberais, não faltando recursos, produzem vinhos até em regiões impensáveis há poucos anos. Na verdade, eles não produzem, pois não são vinicultores. Eles não plantam, não podam, não colhem, não elaboram, não põem a mão na terra e nem no vinho, apenas tratam a vitivinicultura como tratam seus outros negócios.

Como dinheiro e influência não são problemas, investem maciçamente em mídia. Pagam viagens para jornalistas da área, *influencers,* sommeliers, estudantes de WSET, donos de restaurantes para conhecerem suas magníficas instalações.

Com garrafas exclusivas, marcas e logos desenvolvidos por grandes nomes, aventuram-se neste mercado e disputam espaço na mesa dos brasileiros.

Surge um verdadeiro abismo com o que foi construído neste setor no Brasil, até há pouco tempo, fundamentado no trabalho artesanal de vinícolas familiares e de cooperativas de viticultores.

Num movimento meramente de vaidade, a produção só poderia resultar em vinhos organolepticamente perfeitos, mas que não emocionam, apenas transitam dentro de um gosto estético, vazios de histórias e de culturas, sem nenhuma conexão com o sagrado.

É preciso dizer que não são somente os grandes produtores que padecem desse caráter egocêntrico.

A máxima: "não importa de onde vem a uva" deveria estar associada somente à grande indústria, uma atitude relativamente compreensível, pois seu objetivo é atender grandes redes de varejo e suprir uma considerável demanda.

Já, de um pequeno produtor, deveria se esperar um posicionamento antagônico: preferencialmente que produza as suas próprias uvas, ou em outra realidade, que saiba tudo sobre as uvas que irá vinificar.

O que vemos não é isso. Alguns pequenos produtores, inclusive independentes, conhecem as uvas somente quando elas chegam em suas instalações descoladas, às vezes, a centenas de quilômetros de onde as vinhas são plantadas.

Ora, que tipo de vinhateiros são os que passam longe das vinhas? Esses jamais pegaram uma tesoura de poda na mão, não sabem amarrar um parreiral, e, pasmem, nunca colheram um cacho de uva, mas adoram ser reconhecidos como artistas do vinho. Ou seja, cobiçam a mesma coisa que os novos ricos empreendedores.

Além dos empreendedores sem vinhas, que ao menos executam parte do processo, vemos também o surgimento de uma nova espécie de produtores: os flutuantes. Esses deixam claramente expresso que não tem compromisso nenhum com a terra e muito menos com os produtores de uva. Além disso, apenas "criam" vinhos em outras vinícolas, em diferentes regiões, às vezes, em diferentes estados. Não há comprometimento nem com a identidade, e nem com o local. Mais uma vez, a terra não importa. O que importa é a construção de sua marca, de sua imagem e quanto irá faturar.

A estratégia é clara: falar do vinho, apenas do vinho, das suas características, dos aromas, dos sabores, se tem ou não tem madeira, se foi ou não foi filtrado, ou seja, somente a parte enológica. Com esta artimanha, afasta o consumidor dos questionamentos sobre a região, sobre o solo, sobre o cultivo da uva, sobre o manejo da vinha, afasta-o de tudo o que, de fato, interessa, dando as costas para aquilo que é mais sagrado: a vocação da terra.

E assim ela chegou, através deste broto de Peverella (onde cabe toda a vida em si). Chegou de mansinho, com a luz da estação onde tudo floresce.

Ela veio me avisar que é hora de ouvir Vivaldi, de se deliciar com o Cântico dos Cânticos de Salomão, de recitar Os Rubaiyat de Omar Khayyam, de se embriagar com a arte, de preferência, a renascentista.

Ela tem tudo a ver com o renascimento, no sentido amplo da palavra. Ela veio me avisar da riqueza da amizade e do sonho da liberdade. Da alegria do encontro que se faz urgente.

Quero ela inteira da alma à pele, na totalidade do amor. Quero ela frutificada e que ela transcenda e continue me ensinando que tudo é ciclo, que tudo é tempo, mas que tudo também tem uma raiz.

Quero a glória desses dias, mais que tudo!

Bem-vinda seja a Primavera!

A ÚLTIMA CEIA DE SANTO ZANINI

Era um dia de verão escaldante, as uvas brancas pendiam nos parreirais da família Zanini em Antônio Prado, na Serra Gaúcha.

O clima da safra de 1934 estava sendo surpreendente, o que permitiu aos vinhateiros deixarem as suas uvas um pouco mais tempo nas videiras.

Naquele ano, Santo Zanini, irmão do meu avô Domenico, mostrava com orgulho as uvas brancas cultivadas na encosta.

— Essas uvas estão lindas este ano - disse Santo para o meu avô.

— Estão mesmo. Nunca as vi assim. Vamos fazer um bom vinho.

— A Peverella está completamente dourada, muito madura.

— Então faremos um ótimo vinho — repetiu Domenico.

— Elas estão bonitas demais! Quem sabe vamos levá-las para participar da Festa da Uva em Caxias? Olha esse cacho! — Santo mostrou o cacho que reluzia na vinha de condução latada, com emoção quase exagerada.

— Até Caxias? São mais de 50 quilômetros! - disse meu avô.

— Entregarei amanhã. Colherei as uvas frescas e depois pegarei a estrada. - E ninguém o demoveu daquela ideia.

No dia seguinte, assim que amanheceu, Zanini levantou-se, tomou seu café da manhã com polenta, queijo, salame e vinho e caminhou até o íngreme parreiral na brisa suave da aurora.

Os primeiros raios de sol já brilhavam nas uvas douradas, e Santo, como jamais fizera outrora, parou diante dos cachos, os apanhou com cuidado e colocou no cesto de vime que estava no chão.

As uvas estavam frescas, e então, rapidamente, pegou a estrada, atravessando o Rio das Antas, saiu de Antônio Prado rumo a Caxias do Sul, levando os cachos para o concurso da Festa da Uva de 1934.

Chegando no parque onde era realizada a Festa, viu aquele tumulto de colonos de todas as partes, e também as autoridades que inauguravam o evento. Depois de perambular um pouco entre as pessoas, Santo conseguiu inscrever seus maravilhosos cachos de Peverella e os entregou à comissão julgadora.

O julgamento das uvas frescas foi feito de acordo com o critério expresso no Regimento Interno da Comissão Técnica.

No periódico caxiense O Momento, de 8 de março de 1934, pág. 2. N. 55 Ano II, foram publicados os vencedores, a cidade de onde vinham e a premiação:

> Primeiro prêmio, Tintas e Brancas para vinho:
> Granja Santo Antônio – Garibaldi – 1 barrica de sulfato
> Cirilo Ruzzarin – Caxias do Sul – 1 tubo de veneno 1 máquina de matar formigas
> Armando Peterlongo – Garibaldi – 100kg de adubo
> Victorio De Mort – Caxias do Sul – uma sulfateira

> Primeiro Prêmio Tintas e Brancas para mesa:
> Ludovico Cavinato – Caxias do Sul – 50kg de Nitro fosca
> Paulo Salton – Bento Gonçalves – 100 Kg de adubo.
>
> Segundo Prêmio Brancas para vinho
> Santo Zanini – 1 quadro da Ceia de Christo oferecida pela Livraria Saldanha.

Naquele dia foram distribuídas como premiação dezenas de barricas de sulfato, máquinas de matar formiga, tubos de veneno (hoje chamado de agrotóxico), além centenas de quilos de adubo, nitro fosca e sulfato, segundo matéria do mesmo jornal.

Ou seja, só havia um quadro para ser concedido como prêmio aos produtores. Meu tio-avô então recebeu em mãos uma reprodução do quadro da Última Ceia de Leonardo da Vinci. A "Ceia de Christo". A santificação do vinho.

Chegando em casa, no final do dia, o vinhateiro viajante criou expectativa em todos da família:

— E aí, Santo? Receberam as nossas uvas? — perguntou meu avô.

— Sim, ganhamos o segundo prêmio de brancas para vinho.

— Que maravilha!!! — exaltaram-se os seus irmãos.

— E o que ganhamos? Adubo? Sulfato? Barrica? — perguntaram aleatoriamente.

— Tubo de veneno? Nitro fosca? — continuaram a perguntar.

Santo balançou a cabeça negativamente.

— O que ganhamos então, Santo? Fala pra nós!

Santo, lentamente, desembrulhou o quadro embalado com papel de seda azul da Livraria Saldanha e mostrou a todos. Depois de um breve silêncio, Francisco, um dos irmãos, falou alto:

— Isso é um sinal!

Santo olhou para ele:

— Que sinal?

— Para não fazermos mais vinhos!

Todos caíram na gargalhada.

Santo pegou o martelo e um prego, e fixou o quadro na cozinha, de frente para a mesa, onde agora iriam jantar, com pão e vinho.

O sinal não era este. O sinal era para que jamais tivessem desistido.

Santa Ceia

No lagar,
a uva morre,
ressuscita vinho

o lugar onde chora o Deus filho,
e pede que o cálice se afaste

um lugar no Horto com oliveiras,
o Getsêmani, a Virgem.
Alguém a vigia

Um lugar, e o meu lugar?
Onde choro? Onde calo? Onde inspiro e respiro?
Onde está este lugar?

Só com o vinho,
só com o sangue,
só saudades,
só com o vinho,

Crucificam o poeta, também filho de Deus.

Quero bordar meus sonhos no vento
Soprar luas
Despertar marés
Voar liberdades
Até onde tu não possas ser poesia

Quero parir amanheceres
Beber orvalhos
Cantar pela praia nua
Na beleza tântrica do mar
Esperando o sopro do amor

A PEVERELLA

> Quem é esta que surge como a aurora,
> bela como a luz, brilhante como o sol,
> esplêndida como as constelações?
> *Cântico dos Cânticos*

A bebida era de uma cor jamais vista, os perfumes tampouco. Um vinho que me fez silenciar. Silenciar sobre o não entendimento, sobre algo que fazia total sentido, mas eu ainda não compreendia. A primeira vez que bebi deste elixir, foi na casa do meu sogro, que me apresentou como o vinho de sua infância. Eu era estudante de Enologia, e jamais tinha ouvido falar desta variedade.

A Peverella de ultramar, gerada e nascida no sul do Tirol, por séculos, foi considerada uma uva limítrofe entre o Vale do Ádige e as colinas de Salorno, Faedo e Valle di Cembra.

Seu nome aceita duas versões, absolutamente lindas, uma sacra e outra profana.

A primeira, o nome Peverella significaria "*vino della pieve*", devido ao antigo costume de cultivar esta uva nas propriedades adjacentes às igrejas alpinas da região do Tirol.

Pieve é a igreja principal de uma paróquia, com batistério. É a igreja matriz, *pievana* (ou em latim *plebana*), onde se reservava algumas funções litúrgicas e da qual, dependiam outras igrejas e capelas sem batistério.

Na versão profana e bem mais apimentada, literalmente, Peverella derivaria do aroma de pimenta "*pevero*" (no dialeto vêneto) da *Santoreggia*, uma planta perene, fortemente aromática, que adora locais pedregosos. Algumas literaturas, inclusive, referem-se ao nome desta erva como Peverella.

Devido à sua fama de erva afrodisíaca, em séculos passados era proibido aos monges cultivá-la nos jardins dos conventos.

Conta-se que Dioniso trouxe do local onde nasceu, um vinho chamado "sangue da terra" e, além dessa bebida, chegou acompanhado por um bando de sátiros e ninfas lascivos. Para alguns, *Santoreggia* deriva do nome botânico "Satureja" que vem do grego "Satyr". Ela era usada pelos gregos como infusão nos vinhos nas festas em honra a Dioniso, por conta de seu poder afrodisíaco e extático. Por isso, também era conhecida como a "erva da felicidade".

Escolha a sua versão.

PEVERELLA SERIA A UVA VERDICCHIO?

Em 1876, um ano após a descoberta na Áustria da filoxera, a doença que dizimou os vinhedos de toda a Europa, Hermann Goethe, diretor da Comissão Ampelográfica Internacional, publicou em Viena o Dicionário Ampelográfico, com 700 variedades de uvas vitis vinifera descritas e organizadas por países. Uma compilação alfabética com descrição das variedades de uva da Alemanha, França, Grécia, Itália, Áustria, Suíça, Sérvia, Rússia, Hungria entre outros países.

Goethe assim descreve a Peverella:

> Uva para vinho. Tirol (Salurn, Trento). Vinha de crescimento forte com madeira pontilhada castanha-escura. Folhas de tamanho médio, macias, coriáceas, com incisões bastante profundas, lisas na parte superior, opacas-brilhantes, verde-claro, um tanto lanosas na parte inferior; descoloração em amarelo, cinco lóbulos; (...) Bago oval, de tamanho médio, verde a amarelo dourado, pontos castanhos, branco perfumado, translúcido, epiderme fina, pedúnculo curto, azedo, ligeiramente aromático, maturação tardia. Sin. Pfäffling e Pfaffentraube, ver Räuschling.

Goethe assim descreve a Verdicchio:

> Uva para vinho. Itália (Ancona, Pesaro, Macerata, Ascoli, Abruzzi). Sin. Verzaro, verzello verde (...). Vinhas de

> crescimento forte e duradouras com madeira de nós estreitos e grãos finos. Folhas grandes, em forma de coração, verde-escuras na página superior, irregulares, ligeiramente peludas na página inferior, dentes pontiagudos; Pecíolo mais longo que a folha, avermelhado; Descoloração em amarelado. Uva cônica. Os bagos são de tamanho médio, bastante redondos, de casca rija, branco-amarelados, persistentes, doces e produzem um vinho valioso.

Em 1936 em Caxias do Sul, o Jornal O Momento Ed. 162, publicou o seguinte texto:

> Exposição de Uvas – O sr. Ludovico Cavinato, adiantado viticultor deste município, expôs na montra da casa Travassos vários tipos de uvas finas, por ele cultivadas em sua propriedade rural. As amostras apresentadas têm sido admiradas pelo público, pois representam exemplares magníficos, das seguintes castas: Peverella, Vermentino, Olivette Blanc, Teneron, Golden Queen Pirovano 101, Moscato Delle Vesúvio. Moscato Italiano, Riesling Itálico, Verdicchio, Clairette Provenço e Malvasia. Rosada: Moscato Rosado e Pirovano 42.

Em 29 de julho de 1937, no Il Giornale Dell'Agricoltore, existe um capítulo chamado Consigli ai Viticoltori "Come viti per fare vino bianco si dará preferenza ala Peverella, Trebbiano, Malvasia (...), Verdicchio etc...".

Publicações recentes afirmaram que Peverella e Verdicchio são a mesma variedade. Porém, os textos e estudos acima citados provam a existência de duas variedades distintas, tanto pela ampelografia de Goethe, quanto pelo relato das uvas que chegaram ao Brasil. Peverella e Verdicchio são geneticamente diferentes.

A nossa Peverella está extinta na sua origem. Não a encontramos mais. As vinhas foram dizimadas a partir da entrada da filoxera (doença causada por um inseto) na Áustria em 1875. Na Itália, a filoxera foi registrada em 1879, coincidindo com o fluxo imigratório dos italianos para países do Novo Mundo. E a uva Peverella, a partir da década de 1950, não possui mais nenhum registro na Itália.

A nossa Peverella é única, Verdicchio, Angelica, Boschera, Turbiana, Pfeffer, Marchigiano e dezenas de outras mais, podem fazer parte de sua família, mas Peverella é Peverella. Adaptada ao Brasil há mais de 100 anos, ela já adquiriu características únicas.

Amamos a Peverella assim, como ela está aqui. Assim como se ama um filho. De onde ele veio, quem o gerou, quem o pariu, o seu DNA, é só uma pequena parte da história. Filho é aquele que amamos e sempre será o nosso filho. O amor é infinitamente mais importante que testes genéticos, muito mais. A Peverella é nossa.

Cria-me
Em alguma palavra que não exista
Em algum momento que excite o tempo
Venta, venta, e assim
As estações se fundem na vinha
Suas folhas me vestem e me despem
Qual a distância do teu beijo até o sol?

PEVERELLA, A PRIMEIRA UVA BRANCA VINÍFERA DO BRASIL?

A Peverella imigrou com os italianos para o Brasil e para os Estados Unidos. Encontramos registros de sua presença na Califórnia entre 1889 e 1893.

Não há comprovação de que a primeira variedade vinífera branca a chegar na Serra Gaúcha tenha sido a Peverella. Existem relatos de que os imigrantes italianos trouxeram em 1875, na bagagem, bacelos de várias uvas viníferas, mas que, em geral, não vingaram. Fala-se que teriam vindo as brancas, Trebbiano, Vernaccia e Peverella.

Posteriormente, encontramos uma importação em 1886 para Caxias do Sul, de Antônio Pieruccini, das seguintes variedades: Trebbiano, Vernaccia, Traminer, brancas e a tinta Barbera, plantadas por aqui no sistema espaldeira. Foi ele também que em 1898 levou barris no lombo de burros até São Paulo, sendo o responsável pela abertura do mercado paulista ao vinho gaúcho. Em 1911, em 10 hectares plantava 67 variedades diferentes de uva. Também foi o vitivinicultor que começou a parafinar os barris, para não impregnar os sabores resinosos do pinheiro nos vinhos.

A instalação da Estação Experimental de Viticultura e Enologia de Caxias do Sul, em 1921, possibilitou o cultivo de centenas de cepas ao longo dos anos. Foi a partir daí que houve a expansão de várias variedades trazidas da

Itália, entre elas a Peverella, pelo enólogo de Conegliano radicado em Caxias do Sul, Celeste Gobatto.

Os Irmãos Maristas de Garibaldi, que chegaram no ano de 1904, possuiam vários vinhedos, e em 1911 construíram uma vinícola. Foram eles que deram impulso ao plantio da Peverella, a partir da década de 1920.

O jornal Correio da Manhã do Rio de Janeiro em 28 de outubro de 1923, publica: "No Estabelecimento Santo Antônio, pertencentes aos Irmãos Maristas nas proximidades da Villa Garibaldi são encontradas variedades de vinhas europeias (...) Barbera negra (cachos pequenos) própria para vinho, Peverella branca (para vinho)".

Peverella foi a variedade branca mais plantada no Brasil até a década de 1970 quando, com a entrada das multinacionais, se priorizou as variedades francesas, e outras que teriam melhor desempenho para seus propósitos comerciais.

Depoimentos de agricultores afirmam que as empresas queriam a erradicação da Peverella, e que a reconversão deveria ser imediata. A extinção quase aconteceu.

O Correio Riograndense publicou, em 9 de fevereiro de 1949, os dados da produção Comercializável (em litros) de vinho da Safra de 1948, (segundo o Instituto Riograndense do Vinho). Abaixo, os vinhos de variedades viníferas brancas:

Moscato ....119,642 litros
Trebbiano .... 230,743 litros
Riesling............. 126,810 litros
Peverella ....1.632,199 litros

Malvasia..........................40,897 litros
Mistura Viníferas.........948,203 litros

Não é preciso se fazer grandes análises para perceber a importância desta variedade. Estamos falando que, no ano de 1948, o vinho Peverella representou mais de 52% de todo o vinho branco de viníferas produzido no Brasil.

Em 1996, restavam ainda 54 hectares de Peverella no RS; em 2008, quando fizemos o primeiro vinho comercial da Era dos Ventos, havia 17,7 e em 2015, apenas 7 hectares.

Além da reconversão para vinhedos economicamente mais viáveis, muitas parreiras de 70, 80 anos estavam encerrando o seu ciclo. No mesmo período, a Chardonnay passou de 253 hectares de área plantada para mais de 1000 hectares. E viva a diversidade! Desculpem a ironia.

Por que tu me tocas com os olhos?
Toca-me, mesmo se romper o vento em tempestade
Toca-me, mesmo se escapares deste tablado de terra para cruzar as montanhas,
Toca-me, com a extravagância e a urgência da última colheita
Toca-me o coração com tua poesia vínica
Toca-me a pele com tua dança no lagar
Dê-me esperança para além do tempo
Dê-me vida a cada copo bebido,
Pois o vinho, único e sereno, sobreviverá
Como único Verbo a conjugar o amor.

A ERA LARANJA

Quando mostrei o vinho Peverella, que tinha bebido com meu sogro, ao meu amigo Álvaro Escher, uma espécie de êxtase também o contagiou. Concomitantemente ao projeto vinícola que eu vinha implantando no Vale dos Vinhedos, acompanhava Álvaro nas suas incursões por novos métodos de vinificação de uvas.

Álvaro trabalhava de forma muito artesanal e experimental, no porão de uma estalagem em Pinto Bandeira, onde elaborava vinhos de variedades viníferas e híbridas. Era um grande laboratório. Éramos colegas no curso de Viticultura e Enologia, e muito sonhadores. Visitávamos velhos porões da Serra tentando arrecadar artefatos de madeira para elaborar nossos vinhos. Álvaro, além de vinificar, também morava no local, e entre 2001 e 2003 ficamos neste seu espaço fazendo experimentos e, é claro, bebendo.

Um dos nossos atos de rebeldia foi elaborar vinhos com métodos que afrontavam diretamente o que aprendíamos no curso de Enologia, onde se preconizava a retirada das cascas das uvas brancas antes de fermentá-las. Ou seja, vinificamos os vinhos brancos da mesma maneira como se faz os vinhos tintos. Esta técnica que por milhares de anos foi utilizada para elaborar vinhos brancos era, naqueles anos, demonizada.

Em 2004, Álvaro parte para implantar seu projeto em Garopaba, levando toda a estrutura para vinificar no litoral catarinense. Lá constrói a sua vinícola, batizada de Cave Ouvidor, onde fez algumas joias da vinicultura brasileira.

Exatamente em 2004, eu e Talise iniciamos o projeto Era dos Ventos nos Caminhos de Pedra, e lá nos estruturamos para fazer os primeiros vinhos artesanais. Primeiro plantamos as videiras em uma encosta, e depois fomos nos equipando do jeito que nos foi possível.

A primeira safra foi a 2007, quando fizemos um Teroldego e um Merlot. Em 2008, fizemos nosso primeiro Peverella. E sabe o que aconteceu com ele? Escrevo parte do texto do amigo Eugênio Oliveira:

"Foram feitas aproximadamente 300 garrafas desse vinho dourado, complexo e aromático, e uma delas já cruzou fronteiras indo pousar em Paris. Levada por Jonathan Nossiter, para apresentá-la a Jean Marc Roulot, do Domaine Guy Roulot, prestigiosa vinícola em Mersault na Borgonha. Roulot é casado com Alix de Montille, também enóloga e filha de Hubert de Montille, lenda de Volnay, também na Borgonha. O vinho foi aberto junto com um Fendant, suíço do Domaine de Beundon, um francês Juraçon de Yvonne Hégoburu e um Pouilly-Fuissé da Domaine Valette, todos brancos. O Era dos Ventos foi o primeiro a acabar, Roulot disse: 'Isso é vinho de verdade, vinho de terroir, não parece com nada que eu tenha provado da América do Sul'. O vinho tinha conquistado o exigente paladar de Roulot. O Luis só errou ao colocar no contrarrótulo a frase: 'Este vinho contém 11% de espírito'. Na verdade, contém 111%. O Era dos Ventos soprou em Paris".

Neste rótulo, quisemos colocar algumas coisas em que acreditávamos. A primeira delas, e a mais importante:

a poesia; segunda: o rótulo do maçarico, feito pelo meu primo Dany John, que trocou o teor alcoólico por "espírito", origem árabe da palavra álcool, e que neste vinho significava exatamente isso.

De repente, a Peverella estava em Paris e minha poesia também:

Beber o dia como se fosse noite
Beber a lágrima como se fosse mar
Beber a luz como se fosse alma

Beber tua boca como se não fosse flor
Beber teus olhos como quem não toca as mãos
Beber teus sonhos como quem rouba a lua

Beber dos ventos, confundir o tempo,
Beber da Era a solitária valsa
Beber das terras, as chuvas, e os sóis, entorpecer
Morrer de vinhos, moinhos de mim...
(outrora tez)
Beber o fim.

Quase sem querer, havíamos elaborado o primeiro vinho laranja do Brasil (vinho branco macerado com as cascas).

Não podemos falar em vinho laranja, sem citar a referência mundial deste estilo de vinho, o italiano Josko Gravner, que prefere chamá-lo de vinho âmbar. Na década de 90, ele arrancou um parreiral de Chardonnay com mais de 60 anos para voltar a plantar uma variedade autóctone da sua terra, a Ribolla Gialla. Gravner seguia o seu caminho enquanto o mundo girava ao contrário.

Quando o visitei em 2019, em Oslavia, em sua propriedade na Itália, ao apertar sua mão, senti que ela era uma extensão de raízes, de sulcos da terra, de ciclos de vinha e de vida. Sua mensagem sempre foi clara, "o vinho é uma questão de filosofia, não de enologia".

Em matéria escrita para a Revista Gula, em 09/02/2021, Alexandre Lalas fala sobre o encontro de Gravner com o nosso Peverella "O vinho foi feito como antigamente. As uvas passavam por longa maceração e estágio em madeira velha. A cor, âmbar imediatamente remetia aos vinhos laranja, que apareciam com força no cenário mundial, capitaneados pelo talento e força do italiano Josko Gravner. Embora sejam vinhos completamente diferentes, é impossível não traçar nenhum tipo de comparação entre Gravner e o Era dos Ventos Peverella. A cor, a precisão técnica na elaboração, o respeito a técnicas ancestrais de produção. São muitos pontos em comum. Tanto que, apresentado ao Peverella em uma degustação em Ipanema, no Rio de Janeiro, em 2015, Gravner elogiou o que provava. Não foi apenas o produtor italiano que gostou do que bebeu. Uma grande quantidade de sommeliers e enófilos espalhados pelo Brasil começaram a querer o vinho. A produção, pequena, esgotou rápido. Mas acabou chamando a atenção para os outros rótulos da Era dos Ventos. E pouco a pouco, foram ganhando espaço o Merlot, o Tempranillo, o Teroldego, o Trebbiano, os espumantes".

LE FIGARO

O Peverella foi assunto de uma ampla matéria escrita pelo jornalista Sébastien Lapaque em 01/05/2019, e publicada no jornal Le Figaro:

> Em Bento Gonçalves, no Rio Grande do Sul, o enoturismo se desenvolve em torno da memória da imigração italiana e de viticultores apaixonados pela defesa das castas nativas, como a emblemática Peverella.
>
> (...) Beber uma garrafa de Peverella é um grande privilégio. Com ela, Luís Henrique Zanini produz um espumante e um vinho laranja – vinho de "quarta cor" obtido pela maceração do suco de uva branca com as películas. "Existe uma identidade, um caminho, uma história profunda do vinho brasileiro que queremos redescobrir", insiste Luís Henrique Zanini, um artesão apaixonado que cultiva tanto a arte do vinho quanto o senso de combate.

Assim, a Peverella ganhou um merecido espaço, nas páginas de um dos mais importantes jornais do mundo. O primeiro vinho branco macerado com as cascas do Brasil, ou o que o planeta chamava de vinho laranja se tornava referência deste estilo de vinho não somente no Brasil, mas em toda a América do Sul.

Isso talvez não seja o mais importante. O mais

importante é que os vinhos são da variedade Peverella. Conseguimos posicioná-la em um patamar inimaginável, ao colocarmos sob os holofotes da mídia, passou de uma variedade considerada exótica e esquecida, a uma casta de exposição mundial. Não é possível que o planeta tenha 10.000 variedades de *vitis* e que fiquemos reféns de meia dúzia de cepas.

Meses antes, em 01/01/2019, fui gentilmente convidado pelo amigo Pedro Hermeto a escrever um artigo para o Jornal Le Figaro, edição especial “Vin & Spiritueux” N°7, em matéria feita por Catherine Dydier. O título era “Champanhe visto por outros *terroirs*”. Nesse depoimento, escrevo sobre a experiência que tive com pequenos produtores da região de Champagne.

Agora sinto saudades das noites daquele inverno
Da presença do teu corpo junto ao meu
"Da tua pele feita deserto, derretendo a neve"
Poesia escrita sobre o vinho derramado
Metade prazer
Metade encanto
Pecado sacrossanto
Necessário a mim, a ti e ao próprio Deus.

UM VINHO BRASILEIRO EM NOVA YORK

"Luís Henrique Zanini apresenta o seu vinho 'laranja' Era dos Ventos Peverella.

O produtor é um dos oito enólogos sul-americanos (e único brasileiro) a participar do seminário que antecede o lançamento do guia de vinhos Descorchados nos Estados Unidos. O tema da apresentação são os vinhos naturais da América do Sul, em uma conversa coordenada por Alice Feiring, uma das referências no mundo dos vinhos naturais, e por Patricio Tapia, o autor do guia.

Zanini comemora o convite para mostrar o seu vinho laranja, que teve a primeira safra em 2008, quando os vinhos naturais, laranja e biodinâmicos ainda eram um assunto pouco conhecido. O Peverella nasceu da ideia de Zanini de elaborar vinhos antagônicos aos elaborados na época no Brasil. "Mas eu me apaixonei pela filosofia de vinhos menos intervencionistas", conta o produtor.

A ideia de ter um vinho natural e de fermentar uma uva branca, como a Peverella, junto com as cascas, ganhou força em 2007. Naquele ano, Zanini trabalhou com a família Montille, na Borgonha. "Achei maravilhosos os vinhos artesanais elaborados por lá", afirma. A primeira safra, com apenas 300 garrafas, foi a de 2008.

Zanini lembra que, na época, seu Peverella nasceu de forma natural. "Nem conhecia o nome de Gravner". Josko Gravner é uma das referências mundiais em vinhos elaborados de forma natural e dos brancos "laranja" (ao ser fermentado junto com as cascas da uva, o vinho adquire uma coloração mais âmbar).

Atualmente, a Era dos Ventos tem 1,2 hectare de peverella, plantado há 8 anos, e também conta com uvas de produtores parceiros, com algumas videiras de até 70 anos.

A matéria da amiga Suzana Barelli, publicada em 3 de junho de 2019, conta sobre o convite que recebi para apresentar nosso o Peverella da safra 2014 aos jornalistas e consumidores americanos. É quase inacreditável pensar que este vinho, elaborado de forma tão artesanal, mas carregado de história e poesia estava tão longe, representando o Brasil.

Era um dia de sol e calor na cidade de Nova York, os vinhos já estavam climatizados quando chegamos. A degustação aconteceu no final da manhã e se estendeu até o meio da tarde. Fizemos uma pequena apresentação visual do método de vinificação e mostramos um pouco dos nossos vinhedos e da região onde se localizam as vinhas.

A degustação foi surpreendente. Alice Feiring, a convidada de honra do evento, é uma escritora e colunista americana, defensora dos vinhos naturais. Já trabalhou para importantes meios de comunicação, ex-correspondente do Wall Street Journal Magazine e a Time, escreveu artigos para o New York Times, Town & Country, Wine & Spirits, World of Fine Wine, Noble Rot, Afar, Food & Wine, e na ocasião teceu comentários inacreditáveis sobre o Era dos Ventos Peverella 2014. Jamais imaginaria que algum dia veria um vinho elaborado por mim ser degustado e comentado por ela.

Outro fato inusitado, e porque não dizer surreal, aconteceu nesse dia. O criador do rótulo do Peverella magicamente também estava em Nova York. Encontramos o escritor e naturalista carioca Orlando Graeff e sua esposa Meri e jantamos juntos. Graeff é autor de uma das mais importantes obras de geobotânica do país: "Fitogeografia do Brasil: bases e conceitos".

Foi Orlando que desenhou magnificamente o lendário rótulo da safra 2014 do Peverella, que estampa as garrafas de todas as safras desde então. Nele estão retratadas as pedras, as plantas, as vinhas e o pássaro símbolo da Era dos Ventos, o maçarico, que alçou voo pelo mundo. Transcreveu também com sua caligrafia a minha poesia no contrarrótulo.

Poderia ser apenas uma dessas coincidências da vida, mas tudo conspira, quando dois apaixonados por araucárias, ipês, uvas e vinhos, estão sintonizados com o planeta.

UM IPÊ EM NOVA YORK

Descobrimos que estávamos grávidos novamente, dois anos após o nascimento da Sofia. Desta vez era um menino. E achamos legal ter um quarto só para o Théo.

Tínhamos dois quartos e trocar de casa não estava nos planos. O negócio era a reforma.

Embaixo da nossa casa havia a garagem e, para acessar o segundo piso, havia uma escada de madeira. O espaço ocupado por ela era amplo o suficiente para dar lugar ao novo quarto e construir uma escada menor em outro local.

Ao olhar aquelas madeiras da escada desmontada, uma ideia surgiu na minha cabeça de vinhateiro: por que não as usar para fabricar uma barrica? Descobri que a escada era de ipê, construída numa época em que sua extração ainda era legal. Para desespero da Talise, levei as madeiras para um tanoeiro de Bento Gonçalves e ele conseguiu fazer duas pipas de 300 litros cada.

Fiz alguns experimentos com alguns vinhos nesta madeira brasileira, e um deles não poderia ser mais exitoso.

Depois de fermentar o Peverella 2014 em uma mastela de madeira, 50% do vinho estagiou na pipa de ipê e 50%, em barricas de carvalho de vários usos, durante dois anos. Após este período fizemos um corte dos dois vinhos e engarrafamos.

O Guia Descorchados elegeu o Era dos Ventos Peverella como melhor vinho brasileiro de forma isolada, isto é, nenhum outro vinho ou espumante obteve a mesma avaliação. Parecia surreal. O ipê da escada de nossa casa era totalmente enológico.

Este vinho foi considerado, e ainda é, uma referência na América do Sul. Foi este vinho que encantou os nova--iorquinos. O ipê da escada da minha casa desfilava em NYC. Viva a madeira, viva a madeira brasileira.

A propósito, Eric Asimov, crítico de vinhos do New York Times escreveu em 02/04/2017 em suas redes sociais sobre o Era dos Ventos Peverella Espumante: "O mais interessante vinho brasileiro até agora: contato com as cascas, espumante Peverella. Não, nunca ouvi falar dele... delicioso!"

Eric degustou o espumante no Restaurante Aprazível no Rio de Janeiro, e ficou impressionado. Mais uma criação com esta uva instigante e maravilhosa.

PEVERELLA DEZ

"Aproximava-se o meio-dia de 19 de junho, quando um furioso espocar de foguetes avisava a população, reunida em frente à nova cantina, que o Governador do estado Walter Jobim, com sua comitiva, estava entrando pela avenida, em direção ao estabelecimento vinícola Palácio (...).

Logo após, começou o grande banquete-churrasco, preparado para 1.500 pessoas. Todos puderam ver o que era a fartura em churrasco de gado e galinha e o que foi o vinho Peverella de três anos e com que ordem tudo se processou, com que presteza todos foram servidos, dentro dos salões da mesma firma".[6]

Um Peverella com 3 anos de envelhecimento, elaborado no final da década de 1940. Por que não maturar um vinho de uva branca de Peverella? Não por um, dois, três, quatro anos, mas por dez anos?

"Três mil seiscentos e cinquenta e oito dias ou dez anos mensurados pelo calendário gregoriano. Em 08 de março de 2011, as uvas da variedade Peverella cultivadas nos Caminhos de Pedra, em Bento Gonçalves, foram colhidas manualmente e conduzidas à desidratação parcial.

Após 28 dias, as uvas foram desengaçadas e colocadas em fermentadores onde se iniciou o processo de fermentação de forma espontânea e se manteve a maceração por três semanas.

6 *Jornal Correio Riograndense*, 30 de junho de 1948.

O recipiente escolhido para conceber este vinho foi uma tina de carvalho semelhante à observada pelo enólogo Luís Henrique Zanini, em Besazio, na Suíça, em 1998, enquanto fazia visitas em regiões vitivinícolas da Europa.

Este modelo era muito parecido com aquele que os imigrantes vindos do Vêneto e Trento utilizavam para fazer seus vinhos na Serra Gaúcha.

Em 2006, Zanini adquiriu antigos tonéis de carvalho francês importados na década de 1930 para envelhecimento de brandy no Brasil. Ele os levou para um tanoeiro para serem transformados em fermentadores, conforme o exemplar suíço.

Em 23 de abril de 2011, dia de São Jorge, em plena lua cheia, nascia o icônico vinho Peverella, que foi transferido para barricas de carvalho de pouco uso até ser envasado em 28 de abril de 2021.

Dez invernos, Dez solstícios, Dez equinócios, Dez voltas em torno do Sol, 120 luas, Dez outonos, Dez primaveras, Dez verões.

Era dos Ventos Peverella Dez

Um vinho gerado no ventre de Gea, pelo sopro de Cronos, sob a luz de Dioniso".

Este foi o texto de divulgação do nosso Peverella Dez: deixamos um vinho amadurecer dentro de uma barrica por dez longos anos, e se tudo der certo teremos um Peverella com quinze e outro, com vinte anos de maturação.

Viva o tempo, viva o vinho! Vivam os dois.

Não só as videiras adormecem, o vinho também repousa,
E nessa quietude inquieta
Em que o tempo te convida a te emocionar com Vivaldi,
A ler um livro ao lado do fogo,
A conversar com um amigo, e com ele numa tarde gélida, viajar para onde teu corpo não toca
É um tempo de introspecção, precisamos da dormência, como a videira
Nossos tecidos não são lenhosos, mas nossa arquitetura é de poesia,
Hora de caminhar sobre as folhas crispadas pela geada,
Hora de observar os tons azuis do céu refletindo nossos olhos,
Sonha leve quando a pálpebra da noite começar a descer,
E o que posso te dar é meu vinho,
Para te levar ao infinito, entre duas eternidades.

A LENDA

Dioniso, depois de percorrer toda Ásia e toda Europa, difundindo a videira, descansou no norte da África, onde adormeceu.

Uma brisa serena refrescava seu rosto, quando foi despertado e se deparou com Zéfiro, deus do vento vindo do Oeste, que lhe perguntou:

— Aonde vais com esta estaca?

— É a última vide que plantarei. Poderias me ajudar a dizer onde enraizá-la?

— Dioniso, pega a tua barca à vela, te darei um empurrãozinho - disse Zéfiro. — Atravessa o Atlântico e segue a constelação Crux Australis e lá encontrarás o vento Minuano, que te mostrará onde plantá-la. Que Poseidon te proteja na travessia.

Dioniso agradeceu e imediatamente se lançou ao Atlântico, Zéfiro, soprou as velas com todas as suas forças, e a barca navegou por 40 dias e 40 noites seguindo a constelação meridional indicada, até chegar à Província de São Pedro.

Aqui chegando, o deus do vinho montou no cavalo crioulo e foi ao encontro do vento Minuano.

Minuano apareceu a Dioniso, gelado e cortante, sibilante. O som agudo rompia nos campos, qual torito desgarrado.

— O que te traz aqui forasteiro? - bradou Minuano, varrendo a vegetação alta que cobria o chão.

— Zéfiro enviou-me para deixar nesta terra meu último rebento – disse Dioniso, mostrando a estaca da videira.

— Não sabes que essa terra tem dono? – Soprou o Minuano, ainda mais enfurecido. — Nunca ouviste esta frase? Quem a disse foi Sepé Tiaraju, o guarani missioneiro que batalhou defendendo esta terra. Terás que perguntar a ele. Assim que cair a noite, o indígena macanudo te aparecerá.

Então o Minuano soprou absurdamente forte pela última vez, assustando o cavalo que Dioniso estava montado.

> "Dum sangue dum grão-Cacique
> Nasceu um dia um menino,
> Trazendo um lunar na testa,
> Que era bem pequenino:
> Mas era um cruzeiro feito
> Como um emblema divino"
> *José Simões Lopes Neto.*

Sepé tinha um pequeno lunar do Cruzeiro do Sul na testa, e dizem que quando morreu subiu aos céus para habitar nesta constelação.

Ao anoitecer, Sepé Tiaraju desceu do céu para falar com Dioniso.

— O que fazes aqui em terras gaúchas? – perguntou Sepé, montado em seu cavalo xucro.

— Venho trazer esta derradeira videira consagrada a mim ao longo do tempo e da história – respondeu Dioniso.

— Por acaso és o deus do vinho? – perguntou, desconfiado, nosso herói missioneiro.

— Sim, sou Dioniso, filho de Zeus e Semele. Aquele que deita as raízes das vinhas pelo mundo.

— Sei bem quem és, e bebi de ti com jesuítas e guaranis. Era nosso alento nas batalhas. E por que aqui tua última videira?

— Para que o vinho se expanda neste canto do mundo.

— Então vamos, te levarei a um lugar mágico deste pago, entre os Campos dos Bugres e Dona Isabel (antigos nomes de Caxias do Sul e Bento Gonçalves) e lá plantarás tua última vinha. Então, cavalgaram em meio aos pinheirais toda a noite, e chegaram de madrugada à Serra Gaúcha.

Sepé mostrou a Dioniso algumas plantas de erva-mate, e apresentou-lhe o chimarrão.

Matearam em silêncio e, sorvido pela escuridão da noite fria, mas sem o Minuano aparecer, Sepé Tiaraju perguntou:

— Tchê, que uva é essa que brotará aqui nesta querência?

Dioniso então responde:

— Peverella, a uva da poesia do mundo, conhecida como sangue da terra. Ela eternizará nossa amizade e assim uniremos continentes e mares.

Dioniso pegou a vide e, com Sepé, se embretaram na mata e cravaram a estaca da Peverella na terra de São Pedro.

Naquele momento o céu resplandeceu e até Isis apareceu, dando silhueta às araucárias que protegiam a nova vinha.

Que vento é esse
Que rompe naufrágios?
Que desperta primaveras e trebbianos?
Que me beija mineral?

Que vento é esse que fermenta estrelas
Girando os sonhos em pupitres siderais?

Leve-me sem dizer uma palavra
E despe-me em meio à tempestade
No leito ácido e fresco da loucura.

TÃO LONGE, TÃO PERTO

Uma das primeiras vezes que encontrei Gabriela Monteleone foi em uma feira. Estava em uma feira fazendo degustações, ela discretamente se aproximou e, com a gentileza e a elegância que lhe são peculiares, me perguntou tudo sobre os vinhos, sobre minha vida e sobre meu trabalho.

Chegavam e saíam pessoas, mas fiquei ali, trocando ideias, e quando vi, tínhamos conversado por muito tempo. Estava diante de uma sommelière com conhecimentos e vivências incríveis. Ela me contou sobre suas experiências fora do país e sobre sua luta em conseguir espaço num segmento machista e conservador. Se hoje existem muitos obstáculos para as mulheres, eram ainda maiores há 15 anos. Gabi é uma inspiração profissional para muitas pessoas, especialmente para mulheres que escolheram o vinho, como pilar da gastronomia e como ferramenta de mudança cultural e social.

Considero Gabriela Monteleone não só uma referência dentro da história do vinho no Brasil. É também uma referência de ética e profissionalismo. É uma mulher convicta dos seus ideais. O vinho é só uma desculpa para nossa amizade.

Gabi abriu meu caminho dentro de um dos mais importantes restaurantes do mundo, o D.O.M. Foi ela que teve a ousadia de colocar na carta de um restaurante estrelado um vinho artesanal desconhecido: o Era dos

Ventos Peverella. Na época era impensável um projeto, como o nosso, estar em uma carta que recebia clientes do mundo todo, Gabriela teve essa audácia e muito colaborou para que eu fosse conhecido no cenário brasileiro.

Gabriela Monteleone, além de sommelière, é escritora e criadora do projeto Tão Longe Tão Perto, uma das pessoas mais atuantes no mundo do vinho brasileiro. Escreveu um livro em 2022 chamado *Conversas Acerca do Vinho*.[7] Fiquei honrado em ser um dos produtores convidados a participar através de uma entrevista. Reproduzo aqui alguns trechos das minhas falas para esta grande amiga.

Como foi essa transição de um trabalho em escritório para essa vida no campo? Qual foi a sua principal motivação?
Epifania, esta é a palavra que sintetiza essa transição. Não posso negar minha raiz urbana, mas posso atestar minha condição de agricultor por opção. Assim que tive o primeiro contato com a vinha tudo se descortinou, assim como um ator descobre sua vocação no palco, assim como a bailarina sente o tablado, e o escritor pulsa ao segurar a pena. Desde que tive esse contato com a vinha, descobri meu ofício, sou vinhateiro. As minhas motivações foram a poesia e o amor. Nunca imaginei elaborar vinhos sem poesia. Sou poeta antes mesmo de ser vinhateiro. Tento colocar poesia em tudo o que faço. Sobre o amor, conheci a Talise, minha esposa, ainda na universidade, durante nosso curso de Administração

7 MONTELEONE, Gabriela. *Conversas Acerca do Vinho*. São Paulo, 2021.

de Empresas. Ela foi a minha porta de entrada para o mundo do vinho, em nosso projeto de vida estavam (e estão) as vinhas. Poderia ter motivação maior que vinho, amor e poesia?

Quando era consumidor e apreciador de vinho imaginou que um dia seria produtor? Isso era um desejo antigo? Ou foi uma oportunidade que surgiu?
Alguma coisa sempre me conectou ao vinho, na casa do meu avô paterno, lembro meu primeiro contato com vinho aos 4 anos. Depois quando criança para ir à escola passava por duas vinícolas, a Vinícola Riograndense e a Luiz Antunes; os aromas sempre me instigavam. Mais tarde, na adolescência, tive alguns amigos completamente apaixonados por vinho e literatura. Nossos encontros rendiam infinitas conversas pela madrugada. E depois, ao conhecer a Talise, já com origem na vitivinicultura e com um projeto embaixo do braço, tudo aconteceu! As duas coisas se fundiram, um desejo intrínseco e poético de fazer vinho e uma oportunidade real de colocar as mãos na terra e frutificar vinhas e sonhos.

De onde veio a inspiração para um trabalho focado em vinhos de cepas antigas e vinificação com mínima intervenção?
Tudo começou com uma taça de vinho que Sr. Laurindo, meu sogro, me fez experimentar. Era um vinho elaborado com a casta Peverella vinificada artesanalmente em Bento Gonçalves. A partir daquele momento comecei a fazer vários questionamentos: o porquê da predominância de

castas da moda, em detrimento de variedades que deram sustentação econômica para os colonos italianos? Por que não resgatar variedades que culturalmente fizeram parte da construção vitivinícola da Serra Gaúcha? Por que não resgatar métodos e processos que faziam parte da cultura artesanal do vinho? Em 2007 fui à Borgonha. Trabalhei e visitei muitas propriedades que usavam métodos similares com mínima intervenção, por gerações! Como isso aqui estava acabando? E a ideia então foi juntar tudo, resgatar métodos, cepas e construir um novo futuro, olhando para o passado. Isso consiste fundamentalmente em respeito à terra, à cultura, à tradição, mas principalmente a nós mesmos.

Como é essa trajetória da decisão de usar cepas praticamente extintas até chegar a uma taça elogiada por críticos dos mais exigentes? O que é preciso para isso? Muita pesquisa? Muito trabalho no vinhedo ou um esforço maior na vinificação?
Seriedade e respeito. Como disse o poeta, "nem toda a lucidez é velha, nem toda a loucura é genial". Sempre tive convicção que teria que trabalhar com muita seriedade dentro da enologia como ciência, eu não preciso concordar com tudo que ela dita, mas preciso entendê-la, para que dentro das minhas convicções, eu possa tirar da terra o que ela tem de mais precioso, e isso envolve muito trabalho nos vinhedos para que no final se tenha um menor esforço na vinificação. Tenho que respeitar a terra, tenho que conversar com ela durante as estações, tenho que entendê-la, para que quando ela generosamen-

te ofertar seus frutos eu possa traduzi-los da maneira mais pura e honesta possível.

O que é essa "alma perdida do vinho" que vocês buscam resgatar na produção dos vinhos Era dos Ventos?
Liberdade! Essa é a palavra. Ficamos órfãos de alma, sim. Durante muito tempo, o vinho brasileiro seguiu modismos, tendências, preocupando-se apenas com mercado e marketing, esquecendo sua essência, sua história, seu passado. Viramos as costas para a terra, para a cultura, para os nossos lagares. O vinho brasileiro durante muito tempo virou um zumbi, preocupado em como iria desfilar em uma prateleira de supermercado, sofrendo uma ditadura de mercado. A Era dos Ventos ecoou este grito de liberdade, ousou, fez sim o primeiro vinho de maceração com uma variedade esquecida por meio de um método antigo utilizado pelos imigrantes. Por isso muitos consideraram a Era dos Ventos anárquica, eu a chamo de livre. A liberdade de continuar fazendo resgates e trilhar caminhos sem enquadramentos, mas com muita, muita seriedade.

Quais são os desafios de uma produção de vinhos nesse formato no Brasil? O que precisa evoluir no país nesse sentido?
Os desafios são imensos, o primeiro e o mais grave é o habitual preconceito contra o vinho brasileiro, independente do formato. Penso que deveria também haver uma revolução nesta cultura comercial que se criou em torno do vinho, romper esta cultura quase que cristalizada é um desafio. Por outro lado, os modismos (isso vale para

vinhos industriais ou artesanais) de qualidade duvidosa não contribuem em nada, é preciso ter cuidado com os que surfam na onda e acabam prejudicando trabalhos sérios e éticos.

Por último e não menos importante é a total falta de apoio dos governos, que além de não incentivarem a preservação desta forma de vinificação como um bem cultural, ainda aplicam a estas pequenas vinícolas, legislações, normas sanitárias e fiscais exatamente como na grande indústria. Falta conhecimento e vivência aos que pensam e planejam o setor.

Qual é importância dos saberes ancestrais na produção de alimentos como o vinho?

A falsa impressão de que a tecnologia nos traria vinhos de melhor "qualidade" foi a responsável pelo rompimento com o passado. Antes de mais nada, quero esclarecer que não sou contra a tecnologia, sou contra quando ela suprime conhecimentos ancestrais. É preciso diferenciar técnica e tecnologia, a técnica é passada de geração para geração. Técnica não se compra se transmite, tecnologia se compra (falando aqui em equipamentos vinícolas). O perigo da desconexão com o passado através do uso excessivo da tecnologia, causa uma padronização dos processos, resultando em vinhos esteticamente perfeitos, mas sem nenhuma identidade. Se não respeitarmos os conhecimentos de nossos antepassados, estaremos matando o que há de mais sagrado no mundo dos vinhos: a humanidade!

Na sua opinião, o mercado e os consumidores já entendem esse tipo de trabalho? Por quê?
Agora vejo uma abertura maior das pessoas para esta ideia de trabalho. Há dezesseis anos, quando começamos a dar forma comercial a Era dos Ventos, o mercado era muito fechado. Apresentar um Peverella 2008 de maceração era uma heresia. Mas muitas pessoas nos ajudaram a romper com isso. Vários amigos com coragem infinita colocaram os nossos vinhos em cartas de restaurantes importantes, abriram garrafas para conhecedores de fora do país e, com isso, começamos a ter lugar na mídia e a divulgar nosso trabalho de todas as formas possíveis. Isso chamou a atenção das pessoas, elas começaram a se permitir provar o conteúdo, se despir de preconceitos, e perceberam que era possível fazer outro vinho com outro conceito e com excelente resultado. Eu só tenho a agradecer, pois se não fossem estas pessoas a contrapor o sistema, jamais teríamos espaço.

O que diria a um consumidor que está em dúvida se deve escolher vinhos de pequenos produtores que desenvolvem trabalho ancorado em agroecologia e mínima intervenção?
Diria primeiramente que ele é livre em escolher o que quiser. Depois diria que quem trabalha com mínima intervenção e agroecologia defende a vida acima de tudo. Consumir vinhos advindos destas culturas e métodos de elaboração protege a saúde, a natureza, e sustenta uma cadeia que começa no produtor familiar. É uma filosofia de cultivar a terra de maneira não predatória,

que respeita os ciclos, as imperfeições e a generosidade da natureza e que acima de tudo defende a sua aldeia.

Mais um ciclo se cumpre, mais uma vindima em minha vida. Sempre parecerá tempo insuficiente, sempre haverá o que aprender. Cem anos seriam suficientes? Não sei. Talvez, por isso, com o passar do tempo descobri a urgência de ousar. Concordo "que nem toda a lucidez é velha e nem toda a loucura é genial". Gosto de trabalhar sobre o fio da navalha das possibilidades. Gosto de fazer poesia com vinho e vinho com poesia. Estes dias enviei para um amigo, uma frase do livro: O Fio da Navalha de W. Somerset Maugham:

"Difícil é andar sobre o aguçado fio de uma navalha; é árduo, dizem os sábios, é o caminho da Salvação".

Katha-Upanishad

ENOTECA

Lis Cereja é uma das grandes protagonistas do movimento do vinho natural, artesanal e de mínima intervenção no Brasil.

Lis é escritora e proprietária da Enoteca Saint VinSaint, uma espécie de templo dos vinhos verdadeiros.

Ali, ela abriu literalmente as portas para o vinho independente brasileiro.

A Enoteca e a Era dos Ventos compartilham muitos capítulos da mesma história. No ano em que fizemos nosso primeiro Peverella, em 2008, a Enoteca iniciava suas atividades numa casa charmosa e aconchegante em São Paulo. Lá a luz de velas dá tons únicos aos vinhos. É um lugar poético e mágico.

Muitos produtores brasileiros ganharam espaço e notoriedade graças ao seu trabalho e apoio incondicional.

Já tivemos momentos inesquecíveis na Enoteca. Lembro da sequência de 3 verticais de Peverella em dois dias, só com gente apaixonada por vinho de verdade que a Enoteca sabe reunir tão bem.

Além de ter dado e continuar dando espaço aos pequenos produtores dentro do seu restaurante, Lis criou uma das mais belas feiras de vinhos do Brasil: a Naturebas. A Naturebas é hoje, muito mais que uma Feira, é um encontro que extrapola o tema vinho. Amplificou o espaço a outros artesãos da terra, das fermentações, da agricultura responsável e respeitosa. Naturebas não é mais só uma Feira, transformou-se numa imensa e eclética festa.

Não é por acaso que a Naturebas se tornou uma das maiores feiras da América Latina. Na última edição houve a participação de mais de 140 produtores de vinho e de 2000 participantes. Realmente impressiona a mobilização que ocorre em torno dessa festa, um encontro humano, de troca entre produtores e com o público participante.

Há de se destacar o envolvimento de Léo Reis, sommelier e também grande amigo, que sempre deu suporte ao trabalho de Lis. Léo é um dos grandes sommeliers do Brasil e, além de um conhecimento incrível, tem uma sensibilidade única e um coração gigante.

Lis e Léo construíram uma parceria nobre. Congregam quem ama vinho e está aberto a novas aventuras. Sente-se isso entrando na Enoteca ou participando da Naturebas. Uma sintonia que se percebe a cada evento que promovem: há uma celebração da vida em cada um deles.

A Era dos Ventos com muito orgulho e satisfação participou de todas as edições da Naturebas e por ela só cultiva admiração e gratidão.

Vida longa à Enoteca e à sua extensão mais genuína, a Naturebas!

O vinho que ainda não bebi
O vinho que não bebi é da safra 2005
Do vinho que não bebi todas as bagas foram tiradas à mão
O vinho que não bebi foi pisado por Théo e Sofia
O vinho que não bebi fermentou sob os acordes de Vivaldi, Albinoni e Torelli
O vinho que não bebi é um corte de Cabernet Sauvignon de um vinhedo no Vale dos Vinhedos que não existe mais,
com uma uva Barbera que ainda existe nos Caminhos de Pedra
Do vinho que não bebi só foram produzidas 24 garrafas
Do vinho que não bebi, as uvas foram colhidas dia 19 de março durante a lua crescente.
O vinho que não bebi, vem da simplicidade de um tempo em que tudo era mágico e todos eram felizes.

CLARETE 007

O Clarete Era dos Ventos foi eleito o melhor vinho tinto do Brasil de 2021 pelo Guia Descorchados. Assim como o Peverella, o Clarete foi um resgate. Elaboramos o primeiro Clarete brasileiro em 2019, depois de décadas de esquecimento. Nosso Clarete colocou este estilo de vinho literal e novamente na boca das pessoas, não só no Brasil, mas na América do Sul.

Tanto quanto o vinho laranja e, mais recentemente, com o Clarete me imputaram o estigma de ser um vanguardista da vinicultura do passado.

O Clarete também era um vinho que estava adormecido. A obsessão pelos vinhos rosés, estilo, piscina, tipo Provence, cor casca de cebola, dominou o mercado, e aos poucos o Clarete foi deixado de lado. Correto é dizer que Clarete não é um rosé, mas sim que Clarete é Clarete.

As inspirações para elaborar este vinho vieram de várias maneiras. Lia muito na minha infância e adolescência, e o vinho Clarete era citado em algumas obras e isso ficou no meu imaginário. Não entendia do que realmente se tratava enquanto não tive uma relação direta com a vinicultura.

Quando ganhei um livro de Júlio Verne no meu primeiro concurso de poesia, comecei a ler várias de suas obras, e no romance “Volta ao mundo em 80 dias”, o Clarete também aparecia em meio à história.

Mais tarde, ouvi dizer que o Clarete era o vinho dos

poetas ingleses, e que no bairro de Chelsea em Londres este vinho regava conversas e debates. Logo imaginei a figura de Oscar Wilde, que juntamente com Willian Shakespeare são meus autores ingleses preferido. Em 2019, estive em Chelsea e confesso que, para minha tristeza, pouco sobrou do bairro boêmio do século XIX.

A outra inspiração para o Clarete foi durante uma viagem à Toscana em 1997, antes de começar as atividades práticas no mundo do vinho. Era época da vindima e, passando por uma vinícola, vi, chegarem simultaneamente uvas tintas e brancas, o lagar era ao ar livre, e o sol lindamente iluminava aquela cena de misturas de variedades. Achei aquilo genial, uma mistura de uvas e cores, e aquilo também ficou na minha memória.

Especificamente nesta região é elaborado o Chianti com as uvas tintas Canaiolo e Sangiovese, e Malvasia, que é branca. Alguns autores falam que, antes da década de 1970, entrava na composição do Chianti também uma quantidade de Trebbiano, outra variedade branca.

Se faltava algum outro motivo, digamos, mais poético, não posso esquecer de uma foto clássica de Fernando Pessoa, autografada especialmente para sua namorada Ofélia Queirós. Na foto, Pessoa aparece na Casa Abel Pereira da Fonseca, em Lisboa, bebendo uma bebida alcoólica em um suposto horário de trabalho. No verso escreveu "flagrante delitro" fazendo o trocadilho com a palavra delito. Na sua frente, aparece uma barrica marcada com giz a palavra Clarete.

O Clarete já esteve em voga também por aqui.

Em 12 de julho de 1908, o Jornal do Brasil publicava o

seguinte texto elogiando os produtos gaúchos: "o tabaco, os pinhos, os preciosos vinhos rio-grandenses, desde o verde já bastante conhecido, até os finos tipos do Rheno, Clarete e congêneres".

Na Festa Regional da Uva, segundo o Jornal O Momento, de 15 de fevereiro de 1933, O Regimento Interno da Comissão Técnica para o concurso de vinho dividia Classes Superiores de Mesa: Tintos, Brancos e Claretes, que poderiam ser de uvas europeias, americanas, híbridas e mescladas.

Durante décadas aqui no Brasil, o Clarete foi um estilo de vinho muito presente.

Inspirações não me faltaram.

Então, na safra de 2019, resolvi misturar as uvas tintas e brancas com as quais já trabalhávamos há muito tempo e fermentá-las juntas. O resultado foi maravilhoso.

A palavra Clarete vem do latim *clarum*. Muitos vinhos produzidos na região de Bordeaux, eram denominados Claretes pelos ingleses, desde a idade média, por ser um vinho, obviamente, mais claro. Mesmo com a mudança de estilo ao longo do tempo, qualquer vinho tinto bordalês ainda é chamado de Clarete pelos britânicos.

No filme Os Diamantes são eternos, o ator Sean Connery traduz essa cultura inglesa em relação ao Clarete.

Na cena final do filme, James Bond, examina o rótulo de um Mouton-Rothschild 55. Naquele momento, ele suspeita que o garçom e o sommelier seriam seus algozes. Ao olhar o rótulo do vinho, desdenha: "para um jantar tão nobre eu esperava um Clarete". O garçom então responde: "Desafortunadamente, estamos mal abastecidos de Claretes".

James Bond responde: "Mas Mouton-Rothschild é um Clarete", colocando o homem em uma situação constrangedora, já que um garçom de um restaurante luxuoso jamais cometeria um erro tão grotesco. Desta forma desmascara os dois sujeitos e desmantela o plano dos dois de assassiná-lo.

A citação desta cena é apenas para reforçar o quanto o vinho Clarete está associado a Bordeaux na Inglaterra. E viva o Clarete 007.

Enfim a beleza do tempo
A paz inesperada
Contigo despiremos a Lua
E a traremos gélida ao calor das vinhas
Para os braços do vento

Na imprecisão impressionista
Vou te dar a cor das uvas tintas
Com a alma das uvas brancas
Será tudo claro, róseo, violáceo

E tudo será amplo,
Em um arco-íris que há tempos não se via
Um vinho assim, transparente
Sol e lua, à luz de um Clarete

LA BRASILIANA

Quem nunca bebeu um vinho da uva Isabel que atire a primeira pedra. Talvez somente os nascidos depois de 2000 não possam ceder à provocação. Praticamente todo o vinho tinto de garrafão consumido no Brasil, por décadas, foi elaborado com essa uva.

No planeta existem cerca de 60 espécies *vitis*, mas temos duas muito importantes, a *vitis* vinífera, nativa do continente europeu e a *vitis* labrusca, originária do continente americano. A espécie vinífera é a mais apropriada para a elaboração de vinho.

As uvas viníferas produzem naturalmente mais álcool e outros compostos essenciais à proteção e conservação do fermentado. Já as uvas labruscas são propícias para consumo in natura e para elaboração de sucos. Porém, nada impede a elaboração de vinhos com essa espécie.

Existem também as uvas híbridas, que são o cruzamento, natural ou induzido, entre uma ou mais espécies. É aqui que a Isabel se encaixa. Em algum lugar no sudeste dos Estados Unidos, no final do século XVIII ou início do século XIX, não se sabe ao certo, uma espécie labrusca, tinta, chamada Yves, cruzou-se com uma vinífera europeia, ao que tudo indica, a Petit Meslier, uma uva branca cultivada na região de Champagne, dando origem a variedade Isabel.

Ela entrou em 1839 no Rio Grande do Sul, especificamente pela Ilha dos Marinheiros, onde ficou isolada por um tempo, por conta da Revolução Farroupilha. Aos poucos a variedade foi se propagando com o nome de "uva inglesa", e mais tarde como "la brasiliana".

Na década de 1860, ela já predominava em parte do Sul do Estado, Porto Alegre e arredores, Vale dos Sinos, e nas margens do Rio Jacuí.

Antes da Isabel, existiam variedades viníferas cultivadas por aqui, e muito bem adaptadas.

Os jesuítas, em 1626, foram os primeiros a trazer para estas bandas, as *vitis* viníferas Criollas para elaborar seus vinhos para as celebrações eucarísticas, especialmente na redução de São Nicolau. Normalmente as plantavam próximo à igreja. A maioria destas uvas vieram das Ilhas Canárias.

Também, a partir de 1732, os imigrantes açorianos trouxeram variedades portuguesas que dominaram o leste do Rio Grande do Sul, da cidade de Rio Grande a Porto Alegre, margeando a Lagoa dos Patos.

A Isabel seduziu os italianos quando os bacelos das uvas viníferas, trazidas nos navios, não se mostraram tão produtivos por aqui como eram na Europa. Assim, essa uva foi uma alternativa de subsistência próspera aos recém-chegados imigrantes e, ao mesmo tempo, deve-se a estes imigrantes a sua expansão extraordinária tanto do ponto de vista econômico quanto social.

DOMINATRIX

Pelotas, 14 de fevereiro de 1910.

"Muitas pessoas antigas, que ainda há pouco viviam, recordavam-se da maneira por que na sua mocidade a videira produzia, e não podiam compreender, nem explicar assim a razão por que as uvas assim amadureciam tão perfeitamente nos quintais e pomares dos seus pais já não o conseguem mais. O fato deu-se após a introdução da Isabel no Rio Grande. Ora, o que aconteceu aqui onde prosperavam videiras europeias, deu-se também em São Paulo e Minas, de que em princípios do século passado Saint-Hilaire gabava as uvas, reproduziu-se em Portugal, no Sul da França e onde quer que foram introduzidas as variedades americanas. Indemnes do mal que só se mostraram em regiões que não penetraram, aquelas que foram favorecidas por sua ausência".

O jornal A Opinião Pública, periódico de Pelotas, cidade próxima à Ilha dos Marinheiros, estampou em sua primeira página na coluna "Sua prosperidade e sua riqueza", cap. XIII, o artigo acima.

Também, relata no mesmo capítulo a adaptação das uvas viníferas trazidas pelos imigrantes açorianos:

"Ao contrário do que se sucedia ao sul do Brasil, aonde não havendo uvas selvagens as trazidas das pátrias pelos colonos portugueses portaram-se admiravelmente (...). O Rio Grande, porém, pode desde o princípio aceitar e admiravelmente aclimatar superiores castas portuguesas de reputação firmada, que no seu território se encontram como em pátria de eleição".

A introdução sem controle da uva Isabel, parece ter sido a causa do desaparecimento das uvas viníferas aqui já adaptadas. Ao que tudo indica, o extermínio se deu por meio das moléstias vindas com a sua importação, da mesma forma como aconteceu na Europa, quando chegaram as variedades americanas que disseminaram a filoxera (phylloxera vastatrix), praga que devastou em massa os vinhedos europeus.

Este fato pode ter uma relação direta com a sobrevivência das variedades Criollas na Argentina e no Chile, já que nesses dois países não houve uma expansão de cultivares labruscas e híbridas como houve no Brasil.

O artigo continua criticando a forma de como a variedade Isabel foi acolhida e propagada.

"A hospitalidade que lhe foi concedida correspondeu semeando os germens das moléstias criptogâmicas, a que ela em sua fortaleza selvagem e silvestre tem sabido resistir, e a que as castas finas sucumbem, prejudicadas ainda na sua reputação vendo-se inquinada do estigma de falsa e ingrata. Daí também se generalizou a crença de que uvas finas entre nós não se desenvolvem e degeneram para morrer. Desde a sua introdução na Ilha dos Marinheiros, onde esteve a princípio acantonada por ocasião da Guerra dos Farrapos até dominar todo o território sem contraste, a Isabel, foi-se propagando aos poucos com o nome de uva 'inglesa', e foi também na sua invasão vitoriosa, expulsando, das modestas hortas, e pomares mais vastos, as castas desde já largos anos aclimatadas e mantidas até então viçosas em franca produção abundante e continua como se comportariam nas mais privilegiadas regiões da Europa".

A afirmação acima indica que a Isabel varreu as variedades portuguesas que aqui viviam, e mais, que ela se desviou de seu fim original de ser uma uva para consumo in natura no Estado.

"A Isabel que as bateu e desalojou, que a todas elas substituiu, só as sobrepuja pela rusticidade vitoriosa. Só é senhora do país, a sua difusão veio a generalizar-se e ela entrou na cultura em larga escala. Quando a produção da uva começou a exceder às necessidades de consumo, houve que aproveitá-la por outra forma, surgindo no pensamento de utilizá-la no fabrico do vinho e os colonos trataram de promover a indústria vinícola que faz a riqueza da terra natal".

A uva Isabel tornou-se quase uma monocultura vitícola no início do século XX, quando representava 96% da produção. As tentativas de introdução de outras variedades não cessaram.

O agricultor Antônio Pieruccini, por exemplo, insistia em retomar a cultura das viníferas na Serra, perdidas desde a imigração. No final de 1886, havia importado para Caxias do Sul as variedades Trebbiano, Vernaccia, Merlot e Barbera.

Somente com a vinda do enólogo Celeste Gobbato em 1912, para dirigir a Secção de Vitivinicultura e Destilação do Instituto de Agronomia e Veterinária de Porto Alegre, o propósito de desenvolver e melhorar o setor vitivinícola gaúcho começou a tomar corpo. Iniciou-se a retomada do cultivo das variedades viníferas.

Gobbato era Doutor em Ciências Agrárias pela Real Universidade de Pisa e Enotécnico formado na Real Escola Superior de Viticultura e Enologia de Conegliano na Itália. Em 1914, com a publicação do seu livro "O Manual prático de Viticultura", incentivou a retomada das cepas viníferas.

Ele trouxe para a Estação Experimental de Caxias do Sul, enquanto foi diretor, centenas de cultivares, entre 1929 e 1938, como Bonarda, Barbera, Cabernet Franc, Canaiolo, Syrah, Sangiovese, Trebbiano e Peverella. Apesar de todo o esforço, Gobbato não conseguiu sensibilizar os agricultores. A hegemonia da Isabel, nessa época, não proporcionou o desenvolvimento da viticultura em nosso Estado, ao contrário, trouxe uma acomodação e um empobrecimento do colono, condição esta que se seguiria nas décadas posteriores.

Segue parte do discurso de Celeste Gobbato proferido na abertura do Terceiro Congresso de Viticultura e Enologia ocorrido durante a Festa da Uva de 1937. Ele foi publicado pelo IL *Giornale Dell'Agricoltore*, nº 148, página 5, de 4 de março do mesmo ano, referindo-se à situação da vitivinicultura no início da década de 1920.

"Já em 1923, a exportação vinícola rio-grandense atinge mais de 12.000 hectolitros. Sua constante procura leva o agricultor a estender seus parreirais. Mas sem o estímulo por parte do negociante e seguindo a lei do menor esforço, preocupa-se de produzir muito e com o mínimo dispêndio. Planta, por isso, a parreira que se tem maravilhosamente adaptado a este 'habitat' e que ele idolatra; planta a Isabel, salvo raras exceções nas comunas de Garibaldi e de Bento Gonçalves, onde a ação dos Irmãos Maristas, do Intendente Aurélio Porto e de Carlos Dreher Filho, consegue estender o cultivo também da Peverella, da Semillon, da Malvasia e de outras castas nobres. Mas a concorrência desenfreada dos vinhateiros não cessa. Nessa luta todos ficam prejudicados; negociantes e agricultores. A derrocada é inevitável: alguns abandonam o campo, ficando na miséria e empobrecendo os colonos; os outros se debatem no meio de mil e um empecilhos e não tem possibilidades para estimular o surto de uma vitivinicultura melhor".

O vento varre a solidão do instante
muda a direção da navegação
transporta a semente e seus segredos
O vento rompe a clausura
sopra no porto do teu coração
Deixa-te voar no tempo
No tempo que é só teu
Bebe teu vinho
Enquanto os pássaros desenham em tua janela
Os mais belos presságios desta era.

O CICLO DO AÇÚCAR E A EXTINÇÃO (?)

Infelizmente a Isabel tornou-se, assim como outras variedades não-viníferas, ao longo do tempo, o símbolo de uma política perversa que manteve o colono refém de um círculo vicioso decadente. De um lado os viticultores produziam milhões de quilos de uva e se contentavam em receber o preço mínimo da uva, estabelecido pelo governo. De outro, a indústria, que se beneficiava dessa produção barata e lançava ao mercado, produtos ordinários, que satisfazia totalmente a baixa exigência dos consumidores. Mas não foi apenas esse o problema.

O Decreto Estadual 4.255 de 17 de janeiro de 1920, determinava aos produtores que o vinho de Isabel deveria ter ao menos 9% de álcool. Abaixo disso o vinho só poderia ser para consumo próprio ou destinado a álcool, ou vinagre. Sabe-se que raramente a Isabel chegava naturalmente a esse grau alcoólico, por sua condução ser latada e sua produção ser absurdamente exagerada. Nasce, então, o ciclo do açúcar no vinho.

A compra de açúcar pelo setor vinícola das usinas açucareiras paulistas dispara, e sua utilização não é somente para a correção do mosto (chaptalização), mas também para a elaboração do vinho suave, verdadeira febre entre os brasileiros. Desde então, a bebida suave, frutada, doce e barata abocanha uma boa fatia do mercado sendo altamente rentável.

Hoje em dia, este mercado também é abastecido com

vinhos importados igualmente doces, e de péssima qualidade.

Em 2020, cem anos depois, 86% das uvas produzidas no RS foram de híbridas e americanas, segundo dados da Secretaria da Agricultura, Pecuária e Desenvolvimento Rural do Rio Grande do Sul.

Em 2022, segundo o IBGE, houve um incremento ainda maior na produção de uvas híbridas e americanas, sendo a Isabel a cultivar predominante.

Conforme dados do Cadastro Vitícola do Estado do Rio Grande do Sul (SISDEVIN/RS), dos 497 municípios do Estado, 122 vivem do cultivo da uva, entre outras culturas; 22 municípios cultivam apenas variedades viníferas; 34 cidades possuem áreas com uvas viníferas e americanas e 66 delas plantam exclusivamente americanas.

De acordo com a Secretaria da Agricultura, Pecuária e Desenvolvimento Rural do Rio Grande do Sul, em 2020, da Isabel foram produzidos 164 milhões de Kg, em contraste aos 15.000 Kg da Peverella, que representou 0,02% das variedades viníferas ou 0,003% da safra total de uvas de 2020. Mostrando que a Isabel tem um fortíssimo apelo industrial e comercial no mercado de vinho comum.

Mais recentemente, vê-se o surgimento de vinhateiros que produzem seus vinhos de uvas americanas de forma artesanal para amantes deste tipo de vinho, diferentes dos produtos massivos produzidos pela grande indústria.

Não, a Isabel não está em extinção!

Dioniso e Ariadne

Caído como um anjo do céu, Dioniso
Caiu nos afagos tenros de Ariadne
Em uma noite quente de verão

Os lábios doces e macios o esperavam
A chuva então banhou seus corpos trançados
A brevidade do tempo dilacerava as horas

Respiravam urgentes pelos poros vínicos
Lascivos
Destilavam suores e impregnavam o universo com seus perfumes tântricos.

A embriaguez do amor transcendia o corpo
e tingia na alma o que um dia em pensamento será bebido como saudade!

Foi o desejo de ungir este amor pelas estrelas que o céu se abriu e descortinou-se um mar iluminado de sonhos.

Por pouco tempo o orvalho da manhã encheu-lhes o cálice efêmero da paixão, mas já era tarde para abandonos.
Pois se fez o milagre
O ópio da poesia que compunham lhes acompanharia por toda a eternidade.

O VINHO E A FELICIDADE

Ontem à tarde tive uma catarse ao colocar o vinho em uma barrica. Provocar o toque entre a madeira e o vinho é uma felicidade indescritível.

Lembrei-me dos amigos e da alegria que tivemos durante a elaboração deste do fruto que agora repousa em odres modernos. O vinho em estado embrionário, acolhido pelo útero da barrica está em plena gestação.

Amo estar junto ao vinho neste estágio, mas por um instante hesitei e pensei: como seria quando ele fugisse do meu domínio para enfrentar o mundo?

Ser ou não ser?

A mesma angústia de uma futura mãe que protege seu filho em seu ventre durante nove meses, e sabe que ali é o lugar mais seguro e terno do universo. Mas e depois?

É o dilema da incerteza (ou da existência?). O vinho, como o bebê, nesse estágio é perfeito, pois, se nutre do tempo e do amor.

Deixá-lo sair deste ambiente tem um lado trágico. Será engarrafado, rotulado, embalado, transportado. Massacrado pela burocracia e pelas pérfidas armadilhas do marketing, e por fim entrará no mundo real que chamam de mercado.

Alguma semelhança com o ser humano?

Não há diferença. Muitos preparam seus filhos, assim como seus vinhos, desde a concepção, apenas para o mercado, não para a vida, não para o equilíbrio perfeito entre desejo e respeito.

E o resultado disto? Basta observar a natureza como está.

Queria poder eternizar a celebração de uma vindima e a ventura do nascimento de um filho!

Realmente desejo que nossas vidas encontrem dias com mais poesia e simplicidade, e que a felicidade plena possa vir através de um simples toque no vinho, seja com os lábios, seja com a alma.

Quero a leveza dos primeiros verões,
a suavidade dos ventos
Nas flores dos roxos ipês
quero ungir o teu corpo
com o perfume de todas as rosas
Quero versos luares
Quero lábios, lugares
Quero medir distâncias
no sussurrar das estrelas
Vindimando versos em vinhos proféticos
na solidão do tempo, mas junto a ti.

RENASCIMENTO

Ao acabar de escrever este livro, me deparo com uma questão filosófica.

A sensação que tenho é a mesma de encerrar uma vindima, de terminar uma poesia, de beber toda a garrafa de um vinho. Êxtase, amor, felicidade, paixão!

Tenho pouca coisa a acrescentar, além de dizer que amo infinitamente minha vida vínica, e tive poucos arrependimentos dentro dela. E que nada tem mais valor na vitivinicultura que a liberdade poética.

Aimé Guibert foi um produtor francês, criador da vinícola Mas de Daumas Gassac, no Languedoc, sul da França, que faleceu aos 91 anos, em 2016. Sua entrevista ao cineasta Jonathan Nossiter, para o Documentário *Mondovino*, me levou a uma profunda reflexão. Uma de suas falas: "o vinho morreu" foi uma das afirmações mais impactantes que já ouvira. Dolorido ouvir isso para quem estava começando no mundo do vinho, ainda mais vindo de um icônico produtor.

"O vinho morreu", esta sentença me colocava diante de um espelho de múltiplas faces. Por que ele dizia que o vinho havia morrido? Quem o estava matando? Aos poucos fui desvendando as doenças letais a que se referia Guibert e que perduram até hoje. Quem mata o vinho é aquele que pensa nele unicamente como um negócio, quem mata o vinho é aquele que não toca a terra, quem mata o vinho é quem não põe as mãos na videira e acredita que o vinho começa pelo rótulo. Mata o vinho quem pensa em faturamento antes de enraizamento, em lucro antes de colheita. Mata o vinho, o marketing insano, agressivo e inconsequente.

Verdadeiro é aquele que produz o que ama e não o que o mercado dita.

Logo a seguir, Aimé Guibert completa: "Fazer vinho era um ofício de poetas". A perda da emoção, da sensibilidade, da arte, da poesia, em detrimento de um vinho racional, químico e frio construído pela enologia sentencia a morte do vinho.

Fazer vinhos era um ofício de poetas, e o vinho verdadeiro continuará sendo feito assim.

A escritora compatriota de Guibert, Sidonie Colette (1873-1954), nascida na Borgonha, escreveu que a videira é o único vegetal a acessar o sabor da terra e traduzi-lo de forma tão fiel. Que nós vinhateiros sejamos dignos de ser os tradutores mais fiéis da terra. Que sejamos a extensão do coração da terra, do seu ventre, das suas vísceras, interlocutores da sua vida. Que façamos vinhos vivos!

Meu mais profundo respeito aos vinhateiros que não se rendem ao mercado, nem se corrompem para atender as ambições mercadológicas e que seguem o coração, porque seguir o coração, em nossos dias, é considerado um ato rebelde.

Meu respeito e minha admiração aos que, além de elaborar vinho, lutam pelas causas sociais da vitivinicultura. Aos poetas vinhateiros que, como eu, trabalham em suas próprias vinícolas dando o sangue há décadas pela causa do vinho brasileiro, muitas vezes sem serem ouvidos. E aos vinhateiros que jamais viraram figura decorativa e que nunca se afastaram da vinha e do lagar.

Quando de tempos em tempos, a humanidade entra em períodos obscuros, torna-se necessário um novo renascimento. Nestes períodos o homem só conseguiu renascer quando deixou de olhar para si, e voltou-se novamente ao sagrado e à beleza. Sempre através do coração.

O renascimento do vinho passa pelo sagrado, pelo retorno à poesia. O renascimento do vinho passa pelo amor. Acredito neste vinho novo, nessa ressurreição, onde possamos enxergá-lo como ritualístico, sobre a mesa, como motivo de partilha, como sempre foi e sempre será.

Agradeço aos céus, a arca que salvou a vinha, seja lá quem a tenha construído: se Noé conforme o Gênesis, ou Utnapishtim da Epopeia de Gilgamesh.

Pois, tenho certeza de que no próximo dilúvio cósmico, o homem estará em sua nave espacial e entrará em uma nova galáxia, pousará em um planeta, e com ramos de videira, construirá uma nova civilização.

No vinho o amor!

AGRADECIMENTOS

Quero expressar primeiramente minha mais profunda gratidão aos amigos, Camila e Rafael Valim, pela oportunidade de publicar minha história em sua Editora Contracorrente, uma das editoras mais humanas, audaciosas e vanguardistas do Brasil, que dá espaço para as mais diferentes manifestações dentro do mundo em que acredito. Meu muito obrigado.

Também quero agradecer a todos que ajudaram a construir minha história no mundo do vinho.

Ao amigo Álvaro Escher, que entende o vinho com a alma e não me deixa esquecer nunca a sua poesia.

À amiga Roberta Sudbrack, por escrever o prefácio desta obra; obrigado por ter aceitado abrir teu coração e tua casa desde sempre.

Ao grande Pedro Hermeto, pela sua generosidade e amizade.

A Jonathan Nossiter, pelas portas que me abriu no mundo do vinho, e por abraçar todas as lutas dos pequenos vinhateiros brasileiros enquanto morava no Brasil.

Um terno agradecimento a amiga Paula Prandini, que me mostrou como podemos trazer leveza e sutileza ao mundo do vinho, mantendo sempre o equilíbrio e a paz.

Aos amados filhos, Sofia e Théo, sempre muito presentes e que inspiram continuamente minha vida.

À minha mãe Terezinha Zanini, pelo seu amor infinito.

Ao meu amigo e sogro Laurindo Valduga, por ser um incentivador permanente do meu trabalho.

Ao amigo Fernando Andreazza, por abraçar safras e causas que pareciam impossíveis.

A amiga Sônia Denicol por difundir, com entusiasmo, os projetos de brasilidade como o nosso.

Agradeço a todos os amigos cozinheiros, jornalistas, enófilos, sommeliers e parceiros comerciais, que ao longo do tempo narraram a minha trajetória vínica em entrevistas, documentários, degustações, cozinhas, mesas de restaurantes, e em todos os lugares onde coube a poesia do meu vinho. Meu mais profundo respeito e admiração.

À Vallontano que me possibilitou dar os meus primeiros passos no mundo do vinho.

A todos os familiares que me apoiaram cada um à sua maneira, Luciana, Ana Paula, Thiago e Dona Ana.

Deixo para o final o agradecimento mais importante, à minha mulher Talise, pelo companheirismo, dedicação e amor, tanto no vinho, quanto na poesia e na vida. Seria inimaginável esta obra sem ela.

REFERÊNCIAS BIBLIOGRÁFICAS

BARELLI, Suzana. "Siamo tutti Oriundi". *Istoé*, 12 mai. 2014. Disponível em: https://revistamenu.com.br/siamo-tutti-oriundi/. Acessado em: 09.01.2024.

HERMETO, Pedro. *Revista Gula*, nº 275, ano XXXI, edição de primavera 2022.

KAZANTZAKIS, Nikos. *Zorba, o Grego*. Rio de Janeiro: Nova Fronteira, 1976.

MILLER, Henry. *A hora dos assassinos*: um estudo sobre Rimbaud. Trad. Milton Persson. Porto Alegre: L&PM, 1983.

MONTELEONE, Gabriela. *Conversas Acerca do Vinho*. São Paulo, 2021.

O GLOBO. "Roberta Sudbrack fecha operação no Rock in Rio após apreensão". *O Globo*, 16 set. 2017. Disponível em: https://oglobo.globo.com/cultura/musica/roberta-sudbrack-fecha-operacao-no-rock-in-rio-apos-apreensao-21831539. Acessado em: 09.01.2024.

SUDBRACK, Roberta. "Naquela época, não eram muitos os restaurantes que se aventuravam a colocar vinhos brasileiros em suas cartas". GZH, 27 ago. 2020. Disponível em: https://gauchazh.clicrbs.com.br/destemperados/tendencias/noticia/2020/08/naquela-epoca-nao-eram-muitos-os-restaurantes-que-se-aventuravam-a-colocar-vinhos-brasileiros-em-suas-cartas-roberta-sudbrack-cked9ttn4002u013g618yhklo.html. Acessado em: 09.01.2024.

WINE ROLAND. "Il Vino Immigrante". *Le news di storie del vino*, 2014. Disponível em: https://storiedelvino.it/vino-immigrante/. Acessado em: 05.12.2023.

LUÍS HENRIQUE ZANINI, poeta e vinhateiro, nasceu em Caxias do Sul (RS). Elabora vinhos há mais de 20 anos, num contexto poético e de respeito à terra. É formado em Viticultura e Enologia pelo Instituto Federal de Bento Gonçalves e em Administração de Empresas pela Universidade de Caxias do Sul. É enólogo da Vallontano Vinhos. Trabalhou na mítica propriedade de Hubert de Montille na Borgonha, França. Foi um dos participantes no debate: "Outro vinho é possível? Questões sobre vinho, justiça e liberdade", na Università di Scienze Gastronomiche, no Piemonte, Itália. Apresentou, em 2014, no Festival de Cinema do Rio, com Walter Salles, o documentário "Resistência Natural", de Jonathan Nossiter. Em 2004, Zanini criou a Era dos Ventos, vinícola cujos vinhos foram apresentados em vários países, entre eles França, Itália, Inglaterra e os Estados Unidos, como exemplo de identidade local. No contrarrótulo de cada garrafa escreve uma poesia de sua autoria.

A Editora Contracorrente se preocupa
com todos os detalhes de suas obras!
Aos curiosos, informamos que este livro
foi impresso no mês de março de 2024,
em papel Pólen Natural 80g.